武蔵戦国記

# 後北条と扇谷上杉の戦い

## なぜ「ジンダイジ城」は捨てられたのか

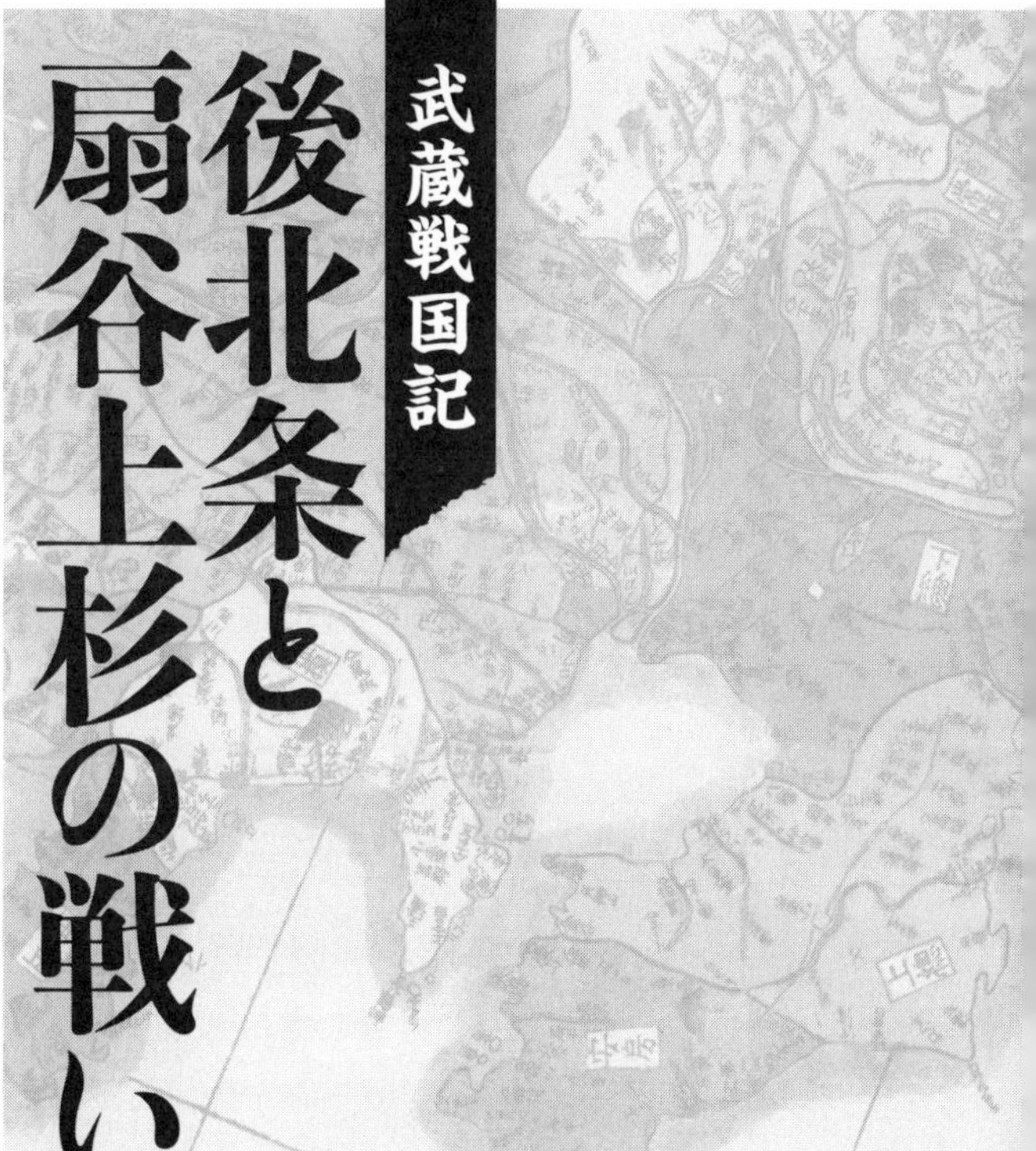

津田慎一
Tsuda Shinichi

文芸社

本書は、弱冠一三歳で父の遺恨を晴らさんと後北条氏と戦い、歴史的にその「古城取立」が死後も誤解されたまま滅亡した、扇谷上杉朝定氏及び家臣たちの恥辱を晴らすため、五〇〇年後の今、その誤解と謎を解く。

# はじめに　――関東戦国の歴史の定説を巡って

本書は、戦国時代の関東で、北条氏と上杉氏の覇権争いの中で語られる、ある『定説』についての検証を試みる。同時に、その検証結果として、これまで語り継がれてきた上杉氏の築城（ここでは、古城の取立てを意味する）、及び、その後の戦《いくさ》について『上杉氏の汚名を返上』することとなった（ここで言う上杉氏とは、上杉一族の「扇谷《おうぎがやっ》上杉氏」であり、北条氏とは、「後北条氏《ごほうじょうし》」である。これらについては第二章で詳細に説明している）。この『築城』とは、多くの古文書に書かれている、北条氏綱討伐を目的としたものであり、本書ではその「築城地」について検証・比定するとともに、その後の戦況の流れの詳細について、従来にはなかった視点から明らかにしている。

その結果、上杉朝定《ともさだ》と北条氏綱との武蔵南部における戦いの真実が、五〇〇年の時を経て明らかとなった。この中では、現在まで不明とされてきた築城地の場所の推理、及び特定も行った。現在の地名や地勢事実から見て、見事に一致するのである。まさに五〇〇年後の発見だったのだ。

さらに、史書をベースとして、北条軍勢の小田原から武蔵進攻に至る道程も読み解いた。

本書では同時に、関東における中世・戦国時代の覇権争いの歴史の流れを明らかにしている。そこでは、歴史上も有名な戦国大名の登場秘話や活躍と暗躍、それ以降、即ち、戦国時代が終焉を迎え、秀吉・家康の治世下における群雄たちの去就についても一部紹介している。

なお、北条氏康が関東覇権を掌握した『河越夜戦』（付録二）については、これに相違する記載もあり、夜戦ではなかったとする文書もある。現時点で確定はされていないようでもあるので、これについては若干の追記をしている。

ある日、インターネットでニュースを見ていると、「科学論文大半誤りと教授警鐘」の記事が見えた。これは米国の大学教授の発表である。また同じ日にテレビを見ていると、「白虎隊、自決したのは六人だけ」と、従来信じられてきた全員自決説は誤りとの新説が紹介されていた。

このようなことは、どうやら日常茶飯事に起きることらしい。殊に、事実や史実と異なる説が実《まこと》しやかに伝えられていく背景には、大学や公的機関などの歴史の、いわゆる専門家・研究家と言われる人々の無意識的な誘導や、時の為政者・権力者による思想・倫理・道徳教育のための、過去の出来事や登場人物への賛美や史実の改竄などが行われてきたためでもあろう。日本各地の史跡では、近年の歴史ブームもあって、大規模なシンポジウムやら地元の歴史愛好家による小規模な研究会・説明会などが開催されている。そこには、いわゆる専門家が招かれ、詳しいプレゼンテーションが行われている。その中で、俗に言う〝定説〟なるものが繰り返し説明され、聴衆には否が応でもその説明内容が刻み込まれていく。

筆者が参加している史蹟のボランティアガイドの活動においても、全員が歴史に素養がある訳でもない（歴史好きの方は多いとは思うが）ので、取り敢えず、必要最小限の情報・知識で説明をスタートすることになる。とすれば、史跡を訪れる人たちにも、当然ながらこの〝定説〟が広められるのは必定である。まあ、拡散する過程はこのようなものであろう、と推測される。

もし、最初に誤った〝定説〟なるものが流布されると、誰かが異なる説を主張しない限り、それが拡散し流れに乗ってしまうとも考えられる。

これらは、後世にも伝搬される恐ろしさがあることも鑑み、次章からは具体的に筆者が経験した、関東戦国史における（後）北条氏と（扇谷）上杉氏の覇権争いにおける定説への疑問と挑戦について、当時の覇権争いについての状況とともに、お話をしたい。これは史書（古文書や古地図など）や当の人物たちの心理の分析、戦場での戦略・戦術と、その総合的な推理・考察の過程である。

全章を通じて、何処かで陥穽にはまっていないか、勘違いや思い違いはないか、明らかな誤りはないか、是非とも批判的な立場で読んで頂けると有難いと思う。ご批判に耐えなければ、到底真実には近づけないであろうから……。

本書を読むに当たって、他の資料や文書の参照を最小限とするために、可能な限り、必要な情報は該当箇所に取り込むよう配慮した。また、同時代の歴史上のトピックスについても述べている。

さらに、後北条氏や扇谷上杉氏のみならず、皆さんがよくご存じの、当時活躍した戦国大名の上杉謙信や武田晴信（信玄）、今川氏、さらには豊臣秀吉による戦国時代の終焉、そして家康の統治。もっと時代を下って、忠臣蔵でおなじみの元禄の赤穂事件のあった吉良氏と北条氏、さらには上杉氏との関係などについても紙数を気にせず、随時説明を入れてあるので、より一層の理解の助けになれば幸いである。

また、戦国時代の終焉とともに、英雄たちの末裔の「その後」についても若干の説明を加えた。

最後に、本書の記述に当たって最も腐心したのは、展開しようとした主張について不利と思われるかもしれない事実や証拠も、必ずや抜け落ちることのないよう記述し、慎重を期した。やはり、史実を探求するには、湧き起こる疑問に耐えうるように、より合理的に説明や記述内容を練らねばならないと考えたからである。まさに、損得や自説への固執の問題ではないからである。

本書には関東の、戦国時代を中心とした年表を巻末に掲載している。目を通して、大まかに、年代や戦《いくさ》などの出来事の流れをザッと掴んで頂ければと思う。時として、歴史的な出来事の前後関係が不明となる時もあれば、クイックで確認できるようにとの目的で、便宜上掲載した。

その他、参考までに、深大寺城に関する『国の指定史跡』の記事（文化庁・文化遺産オンライン）を紹介しておく。これには、現在語られている〝定説〟を簡明に記載している（興味ある方はインターネットで検索ください）。

筆者にとっては最初の歴史書の執筆であり、読者には、まどろっこしさや話題の展開にご不満を感じられるかもしれないが、筆者の進めたデータの分析と解釈、史実の推理、仮説の設定とその検証、その過程を楽しんで頂けるなら幸いです。

最後になりましたが、本書を完成させるには、非常に多くの方々のご協力を頂きました。ここまで充実させることができたのは、皆様のおかげです。この場をお借りして厚くお礼申し上げます。

令和元年五月　調布にて

津田慎一

武蔵戦国記　後北条と扇谷上杉の戦い◆目次

# ■第１章

# 関東戦国史における【定説】への挑戦のきっかけ

筆者は、職場を定年退職後、東京郊外の中規模都市において、ある史跡の観光ボランティアガイドを始めて現在四年目である。それまで特に歴史について興味があった訳でもなく、素養があった訳でもなく、全くの素人である。しかし時間的にも余裕があり、折角ボランティアガイドをするなら、少し時間をかけて勉強してみようと考えた。少し勉強していくうちに、それぞれの史跡に関して刊行されている市史や報告書、それにその道の権威者と位置付けられている方や地元の研究者による公的なものも含む刊行物、歴史作家による大衆向け読み物等を拝見するようになった。

ところが、一部世間の声もインターネットなどを通じて聴くこともできる。これらの小さな声が、「定説は、史実とは違う」と声を上げているのである。この方々は、主題となる史跡の地元の方が多い。もちろん、これらの声は市井の方々の、一部の史書の記載に基づく断片的なものであり、それを証明するためにその他の史書を含めて厳密に考証されたものではない。従って、彼らの主張のインパクトも小さかったようであるが、見るところ、「キラリと光る」ものもあった。

筆者はこのような状況をいささか奇異に感じ、調査研究を試みてみようと思った次第である。その調査の遂行と同時に、関東における戦国大名たちの活躍・凋落にも興味を持った。

調査を進めるうえで、いくつか筆者には有利な状況があった。

①定年後で時間はほぼ無尽蔵にある（現役時代に比べればということ）
②自宅から数分のところに図書館があり、古文書など相当数のものに容易にアクセスでき、コピーもできる（国会図書館蔵の一部古文書は自宅でインターネットにより簡単にアクセス・プリントアウトが可能）
③史跡のある地元であり、関連資料も容易に手に入る
④地元であるが故に、特定のテーマに関する専門家もいる

などである。実際に必要な史料・資料を検索し、集め始めてみると二か月ぐらいでほぼ揃った。もちろん、その後も資料は汲めども尽きず出てくるものであるが（実態は、本原稿を書いている時点まで調査は継続して行っている。特に後半は現地調査に重点を置いた。該当場所には、現地のガイドの方のご案内を得ながら約一〇日ほど歩いた）。

これは、必要な場合、一日に何度でも（近くの図書館は九時から夜八時半まで開いている）往復できたことにもよる。興味さえあれば、さして苦痛にもならなかった。今頃の図書館は非常にフレンドリーな職員の方々が多く、昨年の酷暑のもとでも快適な環境、雰囲気で、心地よく作業を行うことができた。何より、見たい史料がすぐ手に入り、パソコン

入力も並行してできるのは有難い。設備も新しく、快適で効率的に作業を進めることができた。これは、ほぼどの図書館でも共通で、何かをしたいと相談すると「レファレンス」という係の方に電話・面談による協力をして頂ける。特に、地元のことであれば、かなり詳細な資料も紹介して頂ける。筆者も数箇所の図書館や博物館のお世話になった。

また、古文書を調べるというのは、何か宝探しをしているようでもある。何か自分にとって新しい史実に巡り会えそうな気もしてくるのである。

ここで、読者にお断りをしておかなければならないことがある。それは筆者は先にも述べたように歴史の専門家でも研究者でもないということである。むしろ筆者は、工学部卒業生であり、いわゆるメーカーでエンジニアとして勤務した後、とある大学の工学部の教員に転職し四年前に定年を迎えたのである。これまで歴史などは高校で習った日本史でストップし、小説で読むのも数えるほどと、歴史とは縁遠き人生を送ってきた。定年後は何をやっていこうかなと、ぼんやり考えていた時期もあったけれども、これからお話しするように歴史に興味を持ってしまい、打ち込んでしまうことになった次第である。

昨年四月にスタートし、七月にはほぼ骨格となる部分の作業を終えることができ、早速、公立図書館に資料として登録・公開して頂くことになった。この間集中して作業を進め、努力もする、まさに青春である（誰も文句を言う人はいない）。気が向いた時に、自分で納得できるようにやるだけで、強迫観念などあり得ない。定年後にストレスは無用であり、そう感じることあらば、即、止めるつもりである。

まずはかいつまんで、この本の主テーマ、対象とする戦国時代の関東（武蔵）における覇権争いと歴史的な背景について説明しておこう。

時は戦国時代、『後北条氏』と『扇谷上杉氏』が関東において覇権を争っていた。

なお、戦国時代は一四三八年から一五九〇年までを指すようである（諸説あり）。これは、鎌倉公方（将軍）足利持氏《もちうじ》と関東管領上杉憲実《のりざね》の「永享の乱」以降、豊臣秀吉の小田原征伐までを指す。この辺りは、随時説明をしている（概略は巻末の年表を参照）。

西暦で言えば、一五〇〇年代前半、天文《てんぶん》年間（一五三二～一五五五年）のこと。すなわち、現代からおおよそ五〇〇年ほど遡る出来事についてである。後北条氏と扇谷上杉氏の関東での覇権争いにおいて、扇谷上杉氏が後北条氏の当主を討つべく、とある武蔵（武州ともいう）の「古城」を取立てた（城の再興や砦を築くこと。本書で「築城」という言葉も用いているが、必ずしも新たな土地に城を新築するという意味ではない）、と多くの古文書に記載されているとのことである（文書の数は数十、さらにはそれ以上かもしれないが、すべてが一次史料や一級史料という訳ではない）。

古来、数多くの古文書には、その「古城」について二通りの説・記載があり、どちらが正しいかという問いが残る。現在、定説（本来は、通説というべきかもしれないが、現代のものを含め、一〇、二〇、いやそれ以上の書物に書かれている）があり、特にこれに対する反論は一部に限られ（一、二の文書や、先に触れた、インターネット記事で反論されている方はおられるという事実はあるものの）、議論にまで至らないというのがこれまでの経過、並びに実情のようである。

この「古城」にまつわる話自体は歴史的な一断面を切り取る重箱の隅をつつくような些細な歴史的出来事かもしれないが、この後、名門扇谷上杉氏は滅亡する。もちろん、関ヶ原の戦いなどとは比較にならないスケールの話である（本書に出てくる河越夜戦や小田原征伐などでは八万〜二〇万の軍勢も動員されており、必ずしも規模において引けを取るというものでもないが）。しかし、この内容を見るに、城や砦を構えるという、戦略・戦術上の重要な点についての後世の評価を過《あやま》てば、（扇谷）上杉氏の名誉にも関わるような気もするのである。最終的に扇谷上杉氏はこの河越夜戦で朝定をもって滅亡するだけに、「後世における歴史上の解釈や評価の誤り」を糺す機会も、手立ても最早持ち得ない訳である。とすれば、我々後世の人間が正しい認識や評価をするのも（事の大小・重要性は別として）、やはり慎重を期すべきであろう。

なお、後にも述べてはいるが、この古城候補として歴史上に現れているのは二城だけであるので、調査の対象も二城に限っている。また、本書の中で明らかにするように、二城のみを対象としても、比定結果は何ら矛盾することなく諸事実を説明してくれるのであり、問題は生じなかった。

もう一つ、本書の執筆段階において、二つの候補地から古城の比定を行ったが、さらに、その比定した古城が具体的にどの場所にあったか、存在した場所についての比定に挑み、（現在まで不明とされてきた）古城の存在した場所が特定された。まさに「五〇〇年後の真実」の出現であった。

このような背景の中で、どちらの古城かを推理・検証し比定していく過程はなかなか興味深いものであった。そのせいもあったのか、比較的に早く結果が得られた。

この筆者の得た教訓は何物にも代え難いものと信じている。やはり、データ・情報を収集し、想像力を駆使して推理し、これに緻密に論証を加え、より合理的な説明を求めていく過程は必須であるということである。

これまで長い年月にわたって幾多の歴史研究が為され、歴史的出来事が物語として語られ、通説、いや定説や史実として世間に受け入れられてきている。多くの場合、専門家でもなければこの定説を疑うことなどよもやあるまい。そこに慢心が付け込む余地があるかもしれない。ほぼ世間からのフィードバックがないからである。

筆者も今回素人研究を進めるために数人のプロにアドバイスを乞うたが、「私は戦国時代が専門ですが、その期間が対象ではありません」と仰る方も何人かいらっしゃった。要は専門領域は時間的な区分、及びそれだけではなく、異様に細分化され（例えば、美術の専門家、古文書の専門家、特定の軍記の専門家など）、恐らく研究者たちがお互い研究成果に異を唱え、議論することなどはないのだろうと想像された。筆者は門外漢であり、垣根意識も何らなく、無邪気に人に語ろうとしているだけである。

そこで、守るべき地位や名誉もなく、気楽な立場の筆者が発見した、自分にとっての事実や考えたことを述べてみたいと思う（このことにより不快に感じられたり、お怒りになられる方も、もちろんいらっしゃるかと存じますが、素人老人の戯言、作法知らずとご容赦を頂きたいし、ご批評頂ければ、なお幸いです）。どうも、歴史のみならず、日本において、いわゆる「専門家」と言われる方たちは、「自分はすべてを知っているはず」とか、「自分こそが正しい」、転じて「自説は護らなければいけない」という呪縛に囚われ、本来我々が持つべき真理や真実を前にしての謙虚さを失っているという気もしないではない。一旦、説を主張すると、その立場を頑なに護ろうとする傾向がある気がするのは、筆者だけだろうか。

筆者の歴史遍路の始まりは、先に述べたボランティアガイドとして史跡の説明を行うための最小限の知識を学習するためであった。従って、当初は諸先輩から聞きかじった断片的な知識や（複数ではなく）見つけた一冊の書籍を頼りに説明を組み立てていた。

だが、断片的知識の寄せ集めだけでは、なかなかガイドとしての説明は苦しい。当然、歴史的背景や当時の周辺の情勢などの活きたストーリを語りたくなってくる。そこで史跡で起きたポイントとなる出来事の仔細を探求したくなった。その歴史的出来事は、マイナーとはいえ多くの現代の刊行書、総覧・解説書や歴史小説に登場している。そこでは、幾多の史書（古文書）が引用されていた。

これが筆者の挑戦の始まりであった。実際、ガイド仲間には研究熱心な方も多いが、皆さん、結構ガイドとしての説明には悩んでいる。諸説あるがそれをどう説明すれば良いか、これまで説明してきたことが史実とは異なっているのではないか、等々の不安である。中でもよくあるのは、伝承（記録や出土品などの物的証拠がなく、主として口伝であるようなもの）が恰も史実のように確信に満ちて説明されることも多いし、それが印刷物になっていることも多い。このような場合、諸説あっても、時代や年代は、より古い方が喧伝されるし、要は、日本一古いとか、世界最古という表現を見てもわかるように、話は大げさな方向に、悲劇はより悲劇的になるように語られる傾向にあると筆者には感じられるのである。まあ、聴く方もその方が印象深いということもあるのであろうが……。ガイドする方も、その説明を聴く方も冷静に、その時代の背景や状況を考えればあり得ない内容のものも多いのであるが、「それを言っては御仕舞よ」という雰囲気である。まあ、伝承や史実のアレンジはよくあることで、それに目くじらを立てることはないのだが。

筆者も楽しく名所旧跡を訪れる方々に敢えて警鐘を鳴らすつもりはなく、それは歴史を真摯に捉えるべき立場の人々がわきまえるべきことだと思う。史実を明らかにしていくのが彼らの使命であろうから。

特に、最近のテレビ番組では歴史上の出来事を取り上げることも多い。そのような番組では、最近新たに発見された文書や書状により、従来説明されてきた定説、解釈や考証を覆す可能性が大きい、と報告される例が少なからずある。もちろん視聴率を気にするテレビ番組であるから、何か目新しいことがなければ番組としての価値がないのであろう。すべからく歴史を語ろうとすれば、それまで得られている史料には限りがあり、絶対的真実なぞ語れない。ある意味では、想像を逞しくして行間を埋めていくしかないのも事実である。端的に表現すれば、話のうえで辻褄を合わせる作業がどうしても不可避なのであろう。但し、説を立てるに当たって、不合理なことや、自説を主張するあまり、ご都合的な、非論理的な論法を持ち込まないことが最低限必要である。そのうえで、想像力を逞しくして、推理力を発揮することこそが重要であると筆者は思う。

今回本書で述べるように、戦国時代に存在した「古城」が何処の「古城」であったのか、即ち、〝比定〟に挑んだのである。証拠となりうる古文書を可能な限り精査し、そこから推理を組み立て、さらには状況証拠となる当時の社会情勢や、何故戦を行ったのか、その狙いや戦略・戦術的な考証、登場者の心理的背景も含めてその比定に挑戦した。その結果、従来ほとんどの書物で語られてきた〝定説〟とは異なる比定結果を得たのであった。素人の筆者が、最初に従来の説に疑問を感じたこと自体、従来の定説には何やら疑問を挟む余地があったのだろうと思う。

浅学非才の筆者があまり偉そうなことは言えない。本書を世に問うて、ご批判やご叱正を頂ければと思う。どしどしケチをつけて頂くことが筆者にとっては、本書を執筆した甲斐があるというものである。無視されるのは、〝いじめ〟の世界のようで、この社会の閉鎖性を感じてしまうであろう。知りたい、迫りたいのは史実であり、自説がどうなるかなど、どうでもいいのである。

いずれにせよ、数か月間未知の史料との出会いにワクワクし、史料の比較考証、史料データを基に小規模とはいえ歴史の一コマを組み立て、どのような流れで史実が経過したのかを想像し、断片的な情報やデータから、歴史を流れとして推理、創造していく楽しみ・醍醐味を初めて味わうことができた。

また、今回の筆者の得た結論から、この歴史的な出来事の足取りを丁寧に追っていくと、従来の定説では何も描けなかった、後北条氏と扇谷上杉氏の戦いの物語が鮮やかに蘇り、「なるほど、戦いが時々刻々このように展開していったのか」というリアリティが出現した。従来の歴史書では語られなかったことである。

歴史を調べ、推理し、描くことは本当に楽しいと気が付いてしまった。

次章に進む前に、導入として少し、より具体的なお話をしておく。

時代は戦国時代、関東で後北条氏と扇谷上杉氏（当時は関東で、同族から分かれた山内上杉氏と扇谷上杉氏などの上杉諸家がいた）などが、激しく覇権を争っていた。二つの「古城」候補とは、『深大寺城《じんだいじじょう》』（東京都調布市）と『神大寺城《かんだいじじょう》』（神奈川県横浜市神奈川区）のことである。歴史上、話をややこしくしたのは、実は、漢字の【読み・当て字】なのである。

読者はもうおわかりのことと思うが、『神大寺』は、実は「じんだいじ」とも読めるのである。また、過去から現在まで「そう読んでいる歴史」が存在する。

それと古文書には、地名やその他の名称を漢字の当て字で書くのは至極当たり前だったのである。これも混乱を生む要因だったのである。詳しい話は第三章以降、その実態と、その混乱から脱するための議論を進めてゆく。

もう一点重要な事実がある。それは、以下のような史実（これはほぼ間違いないと考えられる）である。

即ち、後に述べる、後北条氏綱と扇谷上杉朝定の一連の戦いの時間的な経過である。「天文六年（一五三七年）七月一一日に氏綱は相州《そうしゅう》小田原を発向し、後、七月一五日逆寄《さかよせ》に河越三木の原に陣を張る」とある。とすれば、出発してから三木に至るまでの間、発着日を含めて全五日、発着を除いても丸三日がある。この期間をすべて埋めるような、北条氏綱の進軍過程における展開は未だ語られていない。

小田原から神大寺のある横浜市神奈川区近辺まではおよそ五〇キロメートル弱、そこから深大寺までは二〇キロメートルほどである。そうすると、小田原から深大寺近辺までは、約七〇キロメートルを想定すればよいことになる。また、深大寺近辺から河越に至る距離が三〇キロメートル程度なので、北条氏綱は小田原出向後、全行程約一〇〇キロメートルの距離の行軍となった訳である。考えてみると、この距離であれば、延べ五日もかかる行程ではない。もちろん、後に述べるように、その道中の武蔵南部は両者の幾多の交戦地でもあり、戦や小競り合いがあったことも十分に考えられる。

この南武蔵は、上杉氏にとっても北条氏に圧されてはいたが、「昔取った杵柄」ならぬ旧地で治めた地である。そこに新興勢力が張り出してきていた訳で、相州小田原から河越に至る道中において、何らかの、両者の遭遇・局地戦があったとしても不思議はない。この観点からの、北条勢の進軍道程にも焦点を当て、考察を加えている。

このような背景の中で、上杉氏と北条氏の関東における覇権争いの最終章を本書は描いている。と同時に、関東における戦国時代をより広い視野で記述するとともに、扇谷上杉氏が滅亡した河越城の合戦、その後の戦国大名の活躍や、豊臣秀吉による戦国時代の幕引きとなる小田原城の開城と、それ以降の北条氏についても明らかにする。真偽のほどは定かではないが、秀吉と家康の「関東連れ小便」の話もある（後半でご説明する）。

昨年（二〇一八年）、テレビ番組でも、この後北条氏と上杉氏の戦について、『扇谷上杉氏の古城の取立』から扇谷上杉氏が滅亡した『河越夜戦』に至る歴史の紹介もいくつかあった（主に、『河越夜戦』についてであるが）。

・NHK　Eテレ　九月八日午後一〇時より

▼先人たちの底力　知恵泉『戦国の教育術　北条氏綱・氏康親子』

・テレビ東京　九月一二日二四時一二分より

▼リトルトーキョーライフ『ポンコツ戦国武将』

さらに、北条氏についても、

・ＮＨＫ総合　一二月五日午後一〇時二五分より

▼歴史秘話ヒストリア『戦国の扉はオレが開く　最新研究　北条早雲』

などで、関東の戦国時代や後北条氏の活躍などが取り上げられている。これらの中で、後北条氏の優れた治世や戦上手も描かれていた。

これまで、関東の戦国時代（一四三九～一五九〇年頃）については、近畿や名古屋地方などに比べて、ほとんど取り上げられてこなかった（もちろん、信長や秀吉、家康を中心とした歴史に比べて華やかさはなかったかもしれないが、この辺りで関東の戦国時代の歴史を、全体を俯瞰する形でまとめることも必要ではなかろうかと思う）。

本書では、確かに、戦という局地戦を取り扱うために、全体の歴史との関わり合いを見失いがちでもあるので、皆さんよくご存じの、例えば「後北条氏は京都で将軍に仕えた後、今川家の家臣だった」「上杉と言えば上杉謙信」「関東戦国と言えば武田信玄」。当時と言えば、太田道灌、吉良上野介は、実は後に述べるように北条氏康の血筋であったこと等、歴史物語に主役として登場する人物たちとの関係についても明らかにして、極力、戦国時代の全体像とも関連させ、余すところなく述べさせて頂いている。

関東の戦国時代も、豊臣秀吉の「小田原征伐」により終焉を迎えたが、その頃の秀吉勢の動静についても少し触れさせて頂く。当然、これに絡んでくるのは家康でもあり、家康は北条氏から小田原及び関八州を引き継いだ訳で、その後の北条氏と彼との関係も興味深いものがある。

とにかく、関東、殊に武蔵近辺においては数々の戦が行われ、群雄、相入り乱れ、ある時は合従連衡、ある時は同族相食み、呉越同舟・同床異夢、内応・内訌・陰謀の渦巻く時代でもあったのである。その後に語られる忍者（当時は乱波《らっぱ》と言われた）の登場。その中において、武将たちの心理の見え隠れや遺恨など、今も変わらぬ武将たちの人間模様も見え隠れする。また、血縁関係や縁組も想像以上に機能している。政略結婚などは掃いて捨てるくらい多かったであろうが、これが武将たちの命を繋ぐザイルでもあったのだ。

筆者にとっては、生まれて初めての著作でもあり、実力・理解力の不足は否めないが、皆さんに、今回書かせて頂いた定説への挑戦や関東戦国時代の物語についてご理解頂くとともに、誤解から生じている、滅亡した扇谷上杉朝定と家臣の汚名返上ができれば、これに優る喜びはありません。

なお、ここまでは、北条氏と言えば【後北条氏】であり、上杉氏と言えば【扇谷上杉氏】であったことを付記しておきます。【後北条氏】と言えば、【執権（鎌倉）北条氏】に対するものであり、【扇谷上杉氏】と言えば、【山内上杉氏】に対するものであります。

次章では、両氏について聞き慣れぬ方も多いと思われますので、その出自などを紹介しておきます。

後北条と言えば、出自のよくわからない成り上がり、戦国時代の下克上の典型と思われている方がいらっしゃるかもしれませんが、そうではありませんでした。最近の研究は目覚ましく、後北条氏は、家格の高い出自であったことをおわかり頂けると思います。初代早雲（後の命名）は、治世を良しとせず、京の将軍や後に仕官した主君を二度も離れ、放浪していたということです。これは、後の章で述べる後北条氏の〝善政〟を偲ばせるものでもあろうかと思います。

■第2章

# 扇谷上杉氏と後北条氏

ここでは、関東地方における最大のライバル同士であった、後北条氏と扇谷上杉氏にまず焦点を当てて、本書の大きな目的の一つである定説について述べる前の準備としてお読み頂きたい。

前章では本書の主題とする大雑把なところを紹介したが、戦国時代は群雄割拠の時代であり、直ちにその状況を掴むことは容易ではないと想像される。上杉氏と言えば謙信を直ちに思い起こす方も多いと思う。しかし、扇谷と言われると読み方も含めて、はてと思われるかもしれない。また北条氏についても、後北条氏と言われると何だろうと思われる方もいらっしゃるだろう。

そこで、本章ではこの著書で主役を張る、扇谷上杉氏と後北条氏について簡単な説明を加えていきたい。既にご存じの読者も多いと思われるが、そのような読者は本章は飛ばして結構である。

まずは、扇谷上杉氏の系譜について紹介する。以下は『扇谷上杉氏と太田道灌』を引用する（〈　〉は筆者註）。また、室町幕府の官職については五二頁参照。

永享の乱（一四三八〜三九）〈概略は第七章を参照〉という室町幕府と鎌倉公方足利と

の戦争によって、鎌倉公方足利持氏は滅亡した。鎌倉府〈府とは行政機関を意味する〉では、室町幕府の支持を得ている関東管領上杉氏が実質的な首班的な役割を果たし、その政治的秩序も大きく変化していった。しかし北関東では、引き続き公方派勢力による上杉方への抵抗が続いていた。そして永享の乱の翌年の永享十二年（一四四〇）二月頃から、常陸国に逃れていた持氏の遺子足利安王丸・春王丸が復権運動を展開し、下総結城氏に擁立され、三月三日に「上杉安房入道（憲実）・同弾正少弼（持朝）以下退罰」を標榜して、常陸国木所城（茨城県岩瀬町）において挙兵した。同二一日に安王丸らは結城氏朝の本拠地（結城市）に入城した。いわゆる結城合戦の勃発である。

それに対して室町幕府は、「上杉兵庫助（清方）」「上杉修理大夫（持朝）」らにその追討を命じた。上杉憲実は関東管領を務める関東上杉氏の惣領である。同清方は憲実の弟で、永享の乱後に隠居した憲実の後に山内上杉氏の家督を継いでおり、関東管領の代行者であった。いずれにおいても山内上杉氏に次いでみえているのが扇谷上杉持朝であり、永享の乱の後、上杉持朝が関東において関東管領・山内上杉氏に次ぐ政治的地位にあったことが知られる。そしてこの扇谷上杉氏が、以後における関東の内乱を生き抜くなかで、相模・武蔵南部を分国とする戦国大名として成長していくのである。

扇谷上杉氏は、上杉氏の祖重房の子頼重の嫡子重顕の系統に位置する。重顕の弟憲房が関東上杉氏の祖であり、関東管領を歴任した山内上杉氏・犬懸上杉氏はいずれもこの系統である。一方、重顕の系統は室町将軍家に仕えた京都上杉氏で、上杉氏の惣領はこの京都上杉氏であった。重顕の子弾正少弼朝定は、本国丹波国守護を務める他、幕府の要職にあって、事実上の惣領ともいうべき地位にあった。その養子顕定が、本国丹波から関東に下向して鎌倉扇谷に居住し、鎌倉公方に仕えた。顕定は地名を家号として扇谷上杉氏を称し、関東上杉氏の一族となったのである。

なお、この中で、「上杉朝定」という人物が登場している。これは、本書の主題となっている北条氏綱と戦った上杉朝定とは異なることに注意されたい。本書の主題は天文六年（一五三七年）の出来事であるが、祖先の上杉朝定の登場は没年観応三年（一三五二年）であり、二〇〇年の時の開きがある。扇谷上杉氏を含む上杉氏の家系図を次頁に示すので確認して頂きたい。今後、扇谷上杉氏は、単に上杉氏と呼ぶが、場合によっては扇谷上杉氏と呼ぶこともある。特に、これで混乱は生じないと思うので、不確かと思われる時は、左に掲載している家系図で確認されたい。

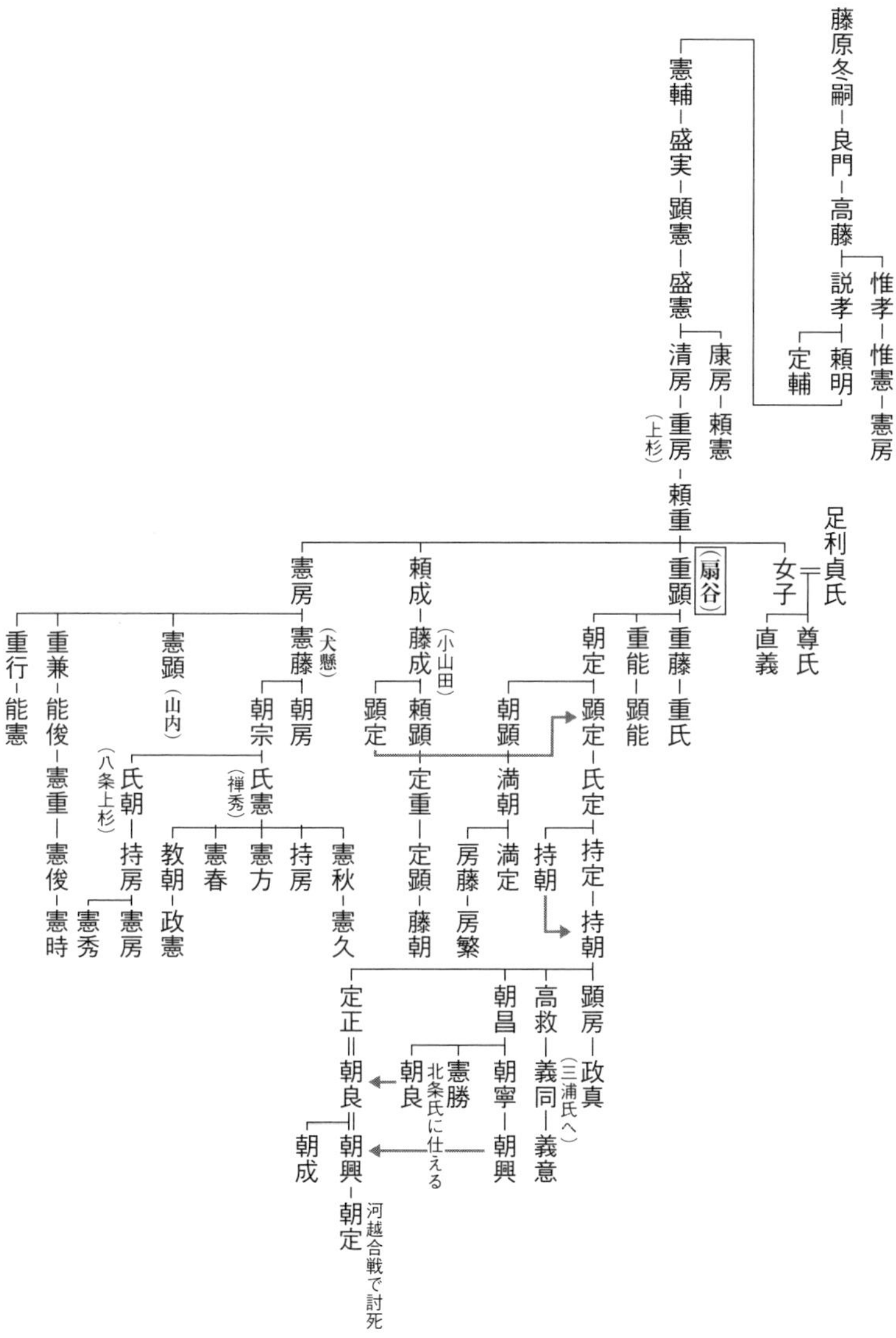
藤原冬嗣
良門
高藤
惟孝
惟憲
憲房
説孝
頼明
定輔
憲輔
盛実
顕憲
盛憲
康房
頼憲
清房
重房
(上杉)
頼重
足利貞氏
女子
尊氏
直義
(扇谷)
重顕
重藤
重氏
重能
顕能
朝定
顕定
氏定
持定
持朝
朝顕
満朝
満定
房藤
房繁
頼成
藤成
(小山田)
頼顕
顕定
定重
定顕
藤朝
憲房
憲藤
(犬懸)
朝房
朝宗
氏憲
(禅秀)
憲秋
憲久
持房
憲方
憲春
教朝
政憲
憲顕
(山内)
氏朝
(八条上杉)
持房
憲房
憲秀
重兼
能俊
憲重
憲俊
憲時
重行
能憲
顕房
政真
高救
義同
義意
(三浦氏へ)
朝昌
朝寧
朝興
憲勝
朝良
北条氏に仕える
定正
朝良
朝興
朝成
朝定
河越合戦で討死

扇谷上杉家系図

ここで、上杉諸家の、山内《やまのうち》、扇谷《おうぎがやつ》が登場しているが、これらは鎌倉の地名から来ており、それぞれ屋号として用いられたものである。現在の鎌倉市の地図でもそれらの地名が確認できる。

次に、後北条氏についてである。以下は『戦国北条氏五代の盛衰』より引用したものである（〈 〉は筆者註）。

伊勢宗瑞《いせそうずい》

康正二年（一四五六）～永正十六年（一五一九）。（中略）備中国荏原荘（岡山県井原市）高越山城主の伊勢盛定の子の盛時がのちの伊勢宗瑞。

（中略）

では、備中国の伊勢氏とはどの様な氏族であったのかというと、室町幕府を創設した足利尊氏の側近家臣の伊勢貞継・盛経兄弟の家系に入るのである。盛経の五代目の子孫が盛定で、その次男が盛時、つまり宗瑞になる。伊勢貞継は伊勢家の本家として京都に居て、幕府の政所執事《まんどころしつじ》という重職を代々務めていた。その本家の貞継から四代目の貞国の娘が、備中国荏原庄で荘園領主を務める支族の伊勢盛定の許に嫁ぎ、盛時を生んだのである。

京都の幕府の要職にある伊勢家の一族で、荘園領主である氏族に生まれた伊勢盛時（宗瑞）は、立派な由緒ある武家の出であったと判明した。

（中略）

伊勢宗瑞の生まれ故郷の荏原庄は、岡山県と広島県の県境に近い中国山脈の南麓にあたり、小高い山に築かれた高越山城には、現在では山頂の本丸跡に城址の石碑が建てられている。高越山城の近くの荏原庄内の長谷郷《はせごう》（井原市西井原町）には、宗瑞の父盛定が創建し、宗瑞が修行したと伝えられる曹洞宗の古刹の法泉寺が健在で、その屋根瓦には伊勢家（のちの北条家）の家紋の三ツ鱗が見られる。

（中略）

伊勢盛定は伊勢家庶流の人としては、幕府内部で活躍した人物であったが、文正元年（一四六六）九月の政変で、本家の伊勢貞親（貞国の嫡男）が将軍足利義政に足利義視《よしみ》（義政の弟）の殺害を進言した責任を糾弾され、貞親と盛定は京都を追われて伊勢国（三重県）関氏の許に逃れていた。つまり、共に一時期は浪人していた。この事が、のちに誤伝されて「伊勢宗瑞は伊勢国の素浪人の出である」と伝えられた根拠であろう。

翌年の応仁の乱の勃発で両人は、将軍足利義政に呼び戻されて京都に帰国した。この頃に宗瑞の姉の北川殿が駿河の今川義忠の許に嫁ぎ、文明三年（一四七一）には嫡男の龍《たつ》王丸《おうまる》（のちの氏親）が生まれた。この年が伊勢宗瑞の元服した年で、とすれば北川殿は宗瑞の姉に当たるとわかる。夫の今川義忠は文明八年二月に遠江国塩買坂《しおかいざか》で四一歳で討ち死にしてしまう。後には五歳の龍王丸が残されてしまった。この事が後に宗瑞が今川家に仕官する原因となるが、この頃には、未だ宗瑞は高越山城か京都に居たらしい。

関東では相模国・武蔵国での実力者の扇谷《おうぎがやつ》上杉氏と関東管領の山内《やまのうち》上杉氏が反目し、古河《こが》公方の足利政氏は扇谷上杉定正に味方して、山内上杉顕定と抗争していた。長享の乱の勃発である。その直前の文明十五年十月に伊勢宗瑞は将軍足利義尚《よしひさ》の申次衆《もうしつぎしゅう》〈幕府の外来客を将軍に取り次ぐ係役人〉として「慈照院殿年中行事」に登場してくる。（中略）将軍の側近家臣である。

（中略）

この年の十一月に、駿河の北川殿の嫡男龍王丸がすでに一七歳になっていたので、家督を継ぐことになった。今川義忠が死去して一一年間は今川家の当主は空白で、義忠の従兄弟の今川小鹿《おしか》範満が代行していた。しかし、小鹿範満は龍王丸が成人に達しても当主代行を続けており、龍王丸を支持する家臣と小鹿範満を支持する家臣の間で、家督相続をめぐる内訌が起こった。伊勢宗瑞は勿論のこと甥の龍王丸を支持したから、将軍足利義尚の許可を得て内訌の調停に駿河に向かった。長享元年（一四八七年）に龍王丸が家督を相続している事から、範満は暗殺されたのかもわからない。

（中略）

長享二年（一四八八）九月には、（中略）宗瑞は今川氏の守護代を務めていたとみられる。宗瑞は今川龍王丸の家督相続と同時に今川氏の家臣になったとわかる。三三歳であった。その後も宗瑞は京都の幕府申次衆を務めているが、明応元年（一四九二）を最後に幕府申次衆の記録から消えている。駿河に移ったものと思われ、その時から駿河の石脇城（静岡県焼津市）に居城したらしい。

（中略）

延徳三年（一四九一）正月に京都では、将軍足利義材《よしき》を後見する父義視が死去した。二月に細川政元は堀越《ほりこし》公方足利政知の嫡男義澄を将軍職に擁立する計画を練り始めた。これを知った義澄の弟茶々丸《ちゃちゃまる》は反目し、伊豆守護の山内《やまのうち》上杉顕定と結んだため、義澄に味方する伊勢宗瑞と茶々丸は敵対関係となった。同年四月に京都で足利政知の嫡男義澄を将軍に擁立する秘密計画の中心人物の足利政知が死去し、秘密計画は一時期は頓挫するにいたった。

（中略）

茶々丸支持派は、伊豆守護の山内上杉顕定の協力を得ていたから、根強く抵抗した。宗瑞方には、今川氏親や山内上杉顕定と抗争している扇谷上杉定正が味方していた。

明応二年（一四九三）九月に駿河から伊豆国西海岸の北部に侵攻した伊勢宗瑞は、堀越御所（伊豆の国市四日町）に進撃した。足利茶々丸派と山内上杉顕定の軍勢が防戦したが、足利潤童子《じゅんどうじ》支持派と反山内上杉氏の国衆《くにしゅう》が宗瑞に味方した。宗瑞自身の軍勢は、今川氏親の軍勢と遠江・三河への侵攻時に宗瑞に仕えた多米《ため》・幸田・大道寺・山角《やまかど》等の国衆と、備中からの古参家臣の笠原・清水等の軍勢が中核であった〈多少細かいが、国衆・古参家臣の名前を残している。これは、本書の主題である、上杉朝定と北条氏綱の天文六年の戦いにも登場する名前があるからである〉。

（中略）

この様に伊勢宗瑞の伊豆進攻は、宗瑞・今川氏親・潤童子支持派の連合軍と茶々丸支持派・山内上杉顕定方の国衆との激烈な抗争を生み、伊豆は騒乱状態となったのである。

（中略）

伊勢宗瑞は明応二年（一四九三）九月に伊豆国に侵攻したが、ほぼ同時に相模国へも侵攻していた。その頃の関東では、関東管領《かんれい》の山内顕定と相模国守護の扇谷上杉定正が抗争していた。長享の乱といわれた大乱である。文明十八年（一四八六）七月に定正が家老の太田道灌を謀殺し、離反した家臣が顕定に支援を求めたことから、大乱は勃発した。翌長享元年に古河公方や長尾景春と同盟した定正は、顕定に対して挙兵した。延徳二年（一四九〇）十二月に和睦するまで大乱は続けられた。これは第一次長享の乱といわれている。

（中略）

明応三年（一四九四）七月に、前年の伊勢宗瑞の伊豆侵攻が原因して再び両上杉氏が抗争を開始し、第二次長享の乱が起こった。八月に相模の入り口になる小田原城主の大森氏頼が死去し藤頼が跡を継いだ。大森氏は扇谷上杉方の国衆であったから宗瑞とも友好的であった。そのため、宗瑞の相模侵攻は速やかに行われた。八月末には武蔵国江戸城下の貝塚（東京都千代田区）に宗瑞勢が侵攻して迷惑と増上寺の僧侶が嘆いている（八代文書）。九月二十三日には宗瑞勢は相模国の三浦新井要害（神奈川県三浦市）を攻め、三浦時高を滅亡させた。同十九日には同調して扇谷上杉定正が同国の玉縄要害（神奈川県鎌倉市）を攻めた。（中略）

明応三年十月二日には扇谷上杉定正と山内上杉顕定が高見にいたり、荒川を挟んで対陣した。翌日に定正が荒川を渡ろうとして落馬し、死去したため扇谷上杉氏と伊勢宗瑞は敗走した〈これも因果応報であろうか〉。定正の跡は嫡男朝良が継いだ。宗瑞は伊豆に退却している。

（中略）

明応五年（一四九六）七月二十四日、山内上杉顕定が相模国西郡に大規模な攻勢を行い、（中略）そのために扇谷上杉方の拠点である小田原城の大森式部少輔（定頼か）をはじめ加勢の扇谷上杉朝良・（中略）が敗走して西郡の様相は一変したという。宗瑞の相模国侵攻は、一時頓挫したとわかる。

（中略）

明応七年（一四九八）八月に足利茶々丸が自刃し、直後に深根城〈静岡県下田市〉が陥落すると伊勢宗瑞の伊豆平定作戦は完了した。（中略）明応九年から十年かけては、（中略）すでに小田原城の周辺は宗瑞に支配されていたと解釈される。

（中略）

扇谷上杉朝良と山内上杉顕定が一旦は和睦した。しかし、伊勢宗瑞と山内上杉顕定との間に和睦はなく、抗争は続いていた。

（中略）

宗瑞の宿敵は、あくまでも山内上杉顕定であった。その顕定は文亀元年〈一五〇一〉

十一月末には、扇谷上杉朝良との抗争を再開させており、顕定が朝良の武蔵国河越城（埼玉県川越市）を攻めていた。

（中略）

〈永正元年／一五〇四〉九月六日には〈山内上杉顕定が〉江戸城にまで進撃した。危機を感じた朝良は駿河の今川氏親と伊豆の伊勢宗瑞に加勢を要請した。その要請に答えた宗瑞は九月六日に相模国に進攻して江ノ島（藤沢市）に禁制を掲げて着陣した。（中略）宗瑞は武蔵国稲毛（川崎市多摩区）の升形山に十五日に着陣、二十日には今川氏親も到着した。（中略）この時の両軍の編成は、扇谷上杉朝良には今川氏親・伊勢宗瑞・今川家重臣、敵方の山内上杉顕定には足利政氏・上杉房能が従軍していた。

両軍は九月二十七日に多摩川の立川原（東京都立川市）で激突し、合戦となった。結果は扇谷上杉軍の勝利であった。軍記物の記述では、合戦は九月二十七日の正午から始まり数時間におよんだ。（中略）勝利した伊勢宗瑞・今川氏親は、帰国の途につき、（後略）

（中略）

永正二年（一五〇五）三月七日に、山内上杉顕定が扇谷上杉朝良に（中略）武蔵国河越城を攻めて朝良を降伏させ、朝良は隠遁して顕定の本拠の江戸城に移されて、剃髪して（中略）朝興に家督を譲渡したが、朝興は若く名代であった。この様にして扇谷上杉氏は勢力を無くし（中略）長享の乱が一九年ぶりに終息した。（中略）朝良は隠遁したとはいえ、扇谷上杉氏の当主代行として永正十四年〈一五一七〉まで相模国守護（中略）永正十五年四月に朝良が死去すると、宗瑞の対戦相手として扇谷上杉氏朝興が出てくることになる。

（中略）

永正七年（一五一〇）六月末に、両上杉氏との全面戦争に突入した伊勢宗瑞は、まず扇谷上杉建芳（朝良）の、（中略）後に武蔵国久良岐郡の神奈川郷（横浜市神奈川区）の幸ヶ谷に権現山城を築いて政盛と共に本拠としていた。

（中略）

〈重臣相模国守護代〉上田政盛を扇谷上杉建芳から離反させると、扇谷上杉方への反旗をひるがえさせ挙兵させた。守護代の謀反に仰天した上杉建芳は、永正七年七月十一日に（中略）味方国衆を参陣させ二万人で権現山城を攻め、十九日には陥落させた。

（中略）

権現山城を攻略した扇谷上杉可諄は勢いに乗り、本格的に伊勢宗瑞への反撃を開始していった。

（中略）

永正九年（一五一二）正月には、相模国鎌倉周辺で伊勢宗瑞と三浦道寸〈相模国三浦郡を領国とした鎌倉時代以来の国衆の三浦氏末裔〉との戦闘が再開された。

（中略）

同年六月に、山内上杉憲房（顕定の養子）と顕実（足利政氏の子、顕定の養子）が顕定亡き後の家督をめぐって内訌が起こった。（中略）永正の乱が再燃した。憲房と扇谷上杉建芳との抗争も起こった。この大騒動を見逃す伊勢宗瑞ではない。早速、相模国侵攻の軍を起こし、両上杉氏への反撃を開始した。

その反撃の開始は相模国中郡への侵攻であった。（中略）宗瑞は十三日に鎌倉に到達し、宗瑞の相模国中郡の領有は決定的となる。

（中略）

また、十月には宗瑞は鎌倉の防衛と三浦半島の三浦勢への押さえとして、大船北方の玉縄城（鎌倉市植木）を再興して次男の伊勢氏時を城主として配置した。玉縄城は東郡の支配の拠点として重要な支城となる。

（中略）

鎌倉を制圧した伊勢宗瑞は、相模国領有を機会に、嫡男の伊勢氏綱に将来は家督を譲

る事世間に公表した（後略）

〈この後、宗瑞は房総にも渡海し、上総に進攻した〉

（中略）

〈永正十六年：一五一九〉八月十五日に宗瑞は韮山城〈静岡県伊豆の国市〉で死去した。六四歳の波瀾に富んだ生涯であった。

（中略）

伊勢氏綱は父宗瑞の死去から武蔵国への進撃を開始する大永四年（一五二四）の間の四年間に、宗瑞の伊豆・相模平定戦で達成できなかった諸政策を、引き継いで完成させていった。（中略）伊勢氏綱は大永三年六月から九月の間に北条氏へと改姓したとわかる。北条氏は鎌倉幕府の執権職（副将軍）を務めた北条氏を継承したといわれている。（中略）氏綱には、鎌倉幕府の執権職の北条姓への改姓は、伊豆・相模・武蔵各国の統治には大きな意味をもっていたものと思われる。


多少長い引用となってしまったが、後北条氏の成り立ちや扇谷上杉氏と山内上杉氏との大まかな関係はわかって頂けたと思う。北条氏綱と扇谷上杉朝興・朝定らは関東の覇権を巡って争っていたのである。

従来、後北条氏については出自が不明で、戦国時代の下克上の典型のように語られてきたこともあるようであるが、以上述べたように、最近では出自が明らかな一族であることが判明している。なお、二代目北条氏綱において、朝廷より改姓（伊勢から北条へ）の許可が出たとのことである。

次頁以降に、それぞれ北条氏、後北条氏の家系図を示す。北条氏の家系図を掲載したのは登場する人物がどちらの家系にあるのか確認できるよう配慮したものである。

後北条氏は、羽柴秀吉の小田原征伐で、氏政・氏直の親子が歴史上は隠れる形とはなるが、徳川家康はこの後北条氏を許し、一万石の大名として徳川幕府の終焉まで家系は存続していた。このことについては第八章で詳述する。

北条氏綱は、難しいと言われる戦国大名の二代目として活躍し、三代目氏康は名将の誉れ高い智将であったとのことである。

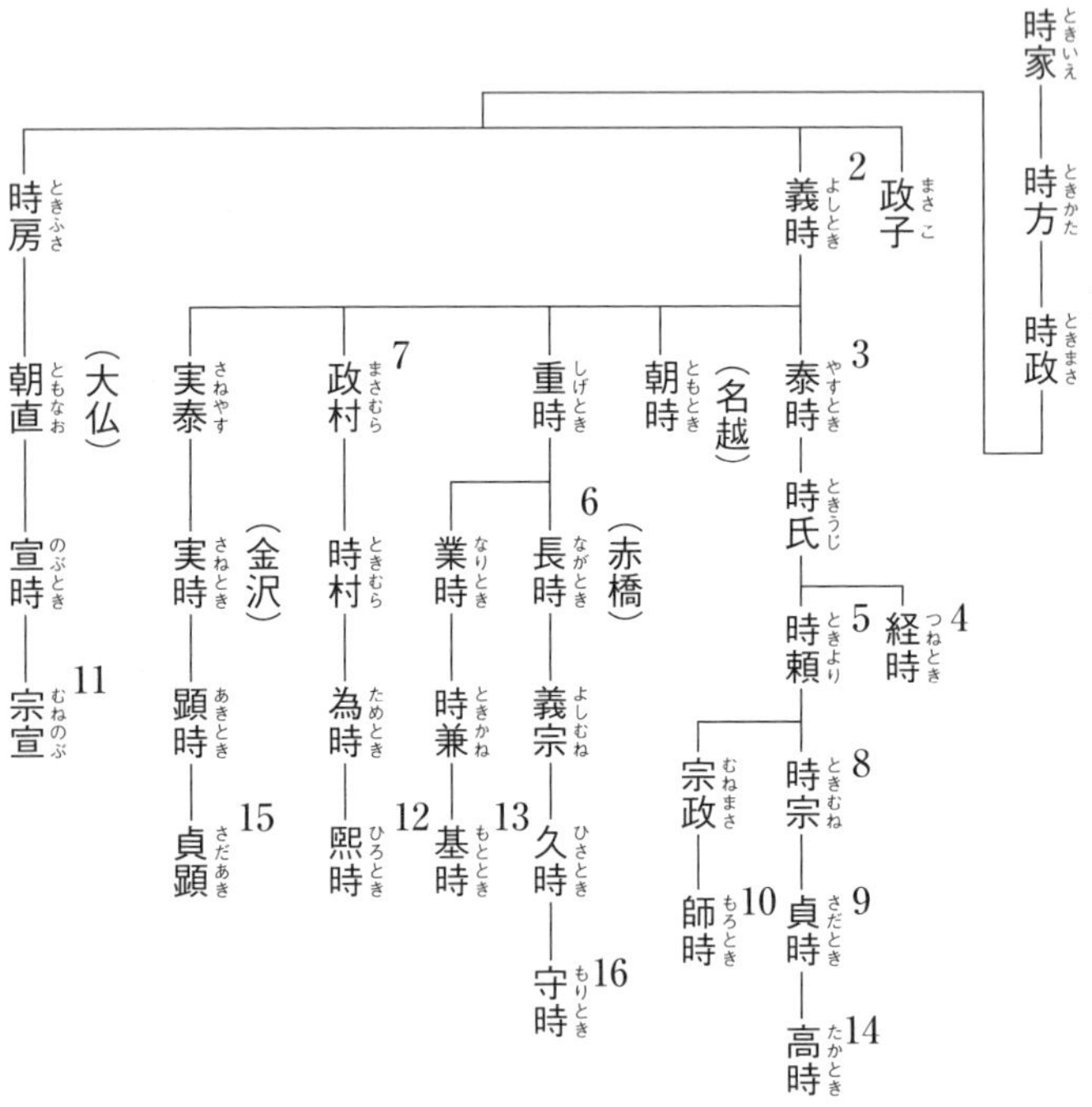


＊数字は執権順位

（執権）北条氏家系図

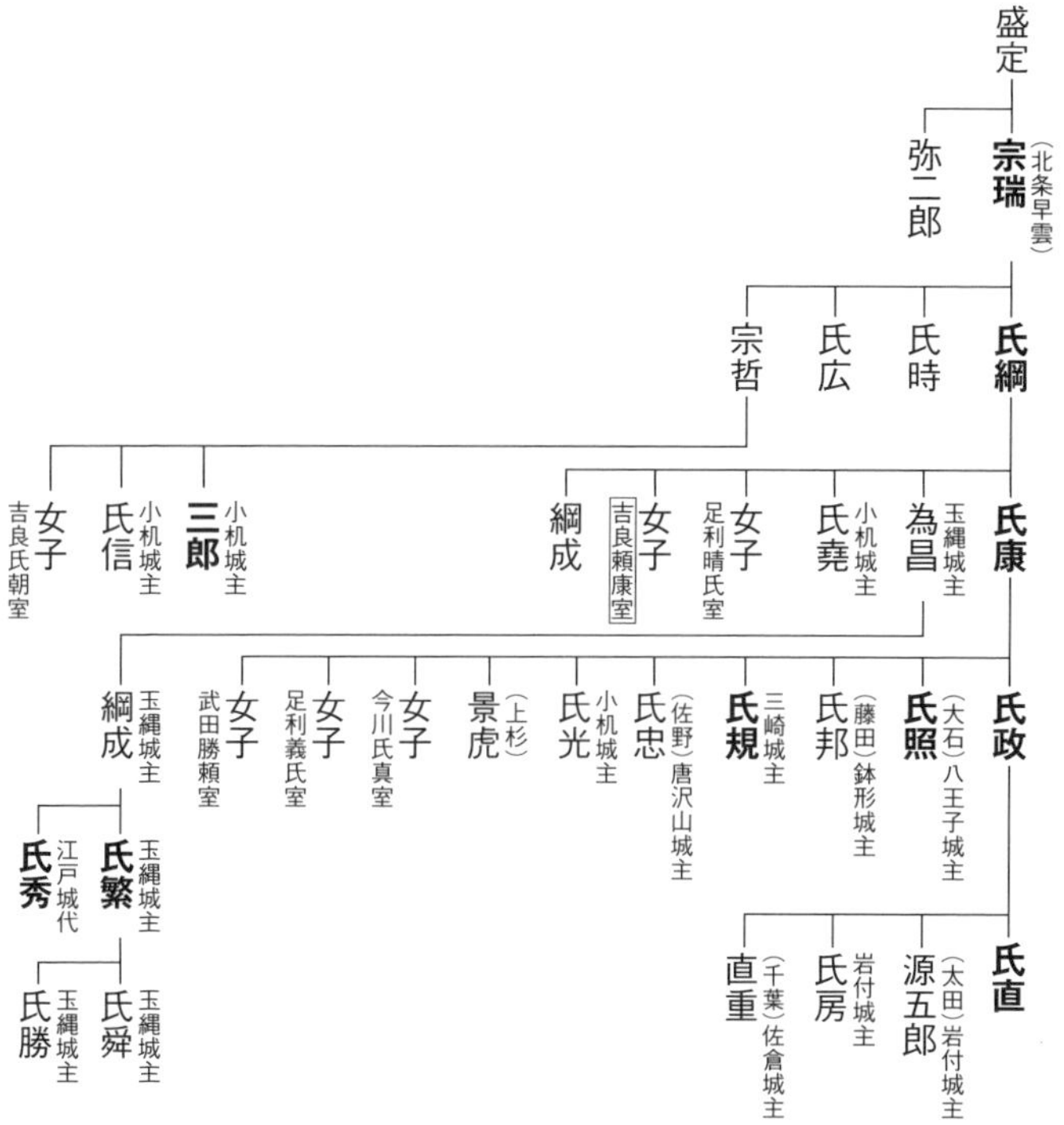

盛定
宗瑞（北条早雲）
弥二郎
氏綱
氏時
氏広
宗哲
氏康
為昌 玉縄城主
氏堯 小机城主
女子 足利晴氏室
女子 吉良頼康室
綱成
三郎 小机城主
氏信 小机城主
女子 吉良氏朝室
氏政
氏照（大石）八王子城主
氏邦（藤田）鉢形城主
氏規 三崎城主
氏忠（佐野）唐沢山城主
氏光 小机城主
景虎（上杉）
女子 今川氏真室
女子 足利義氏室
女子 武田勝頼室
綱成 玉縄城主
氏繁 玉縄城主
氏秀 江戸城代
氏舜 玉縄城主
氏勝 玉縄城主
氏直
源五郎（太田）岩付城主
氏房 岩付城主
直重（千葉）佐倉城主


（後）北条氏家系図

# ■第3章

# 扇谷上杉氏の取立古城
# 定説深大寺城の詳述

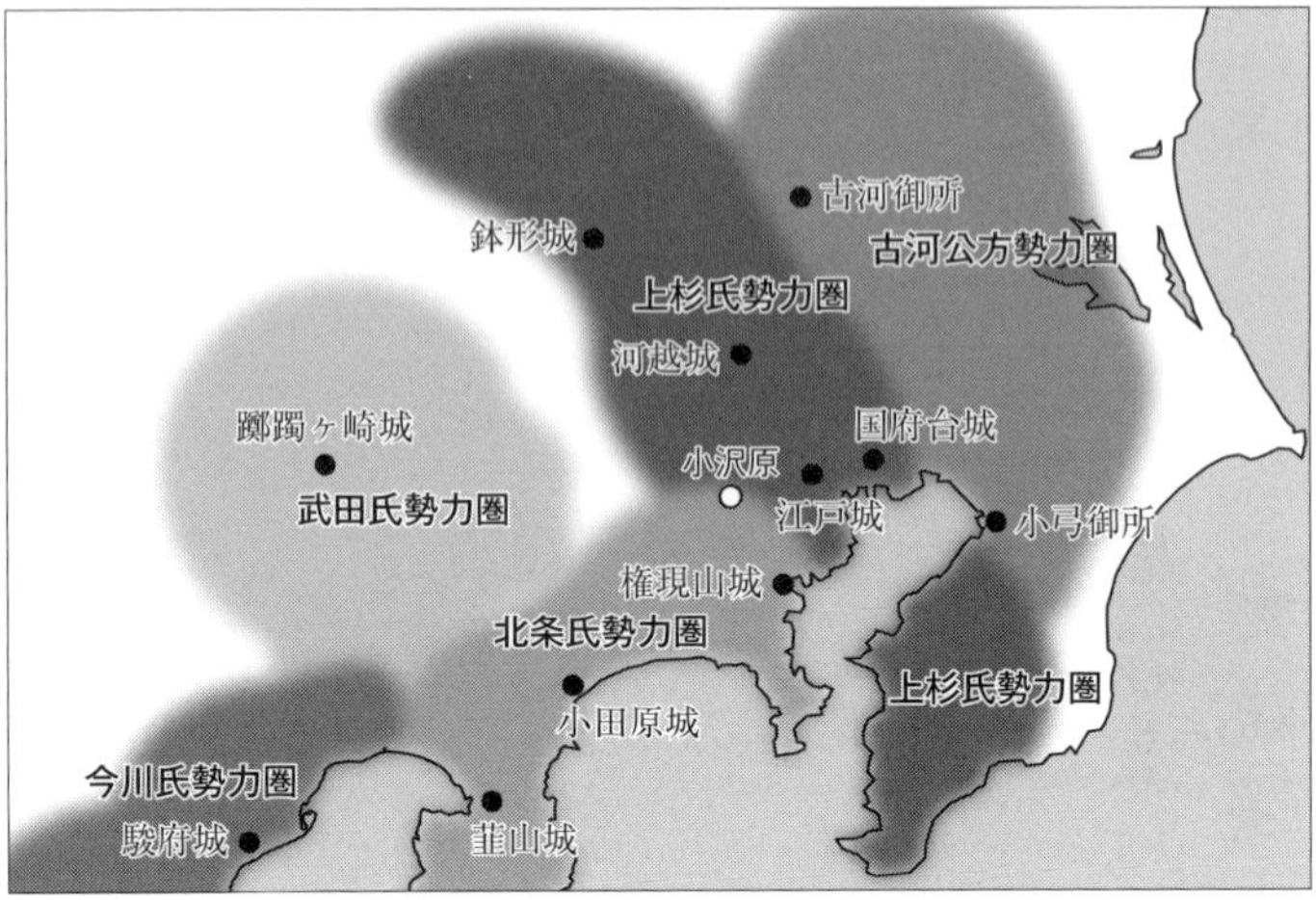


大永3年（1523年）頃の関東勢力図

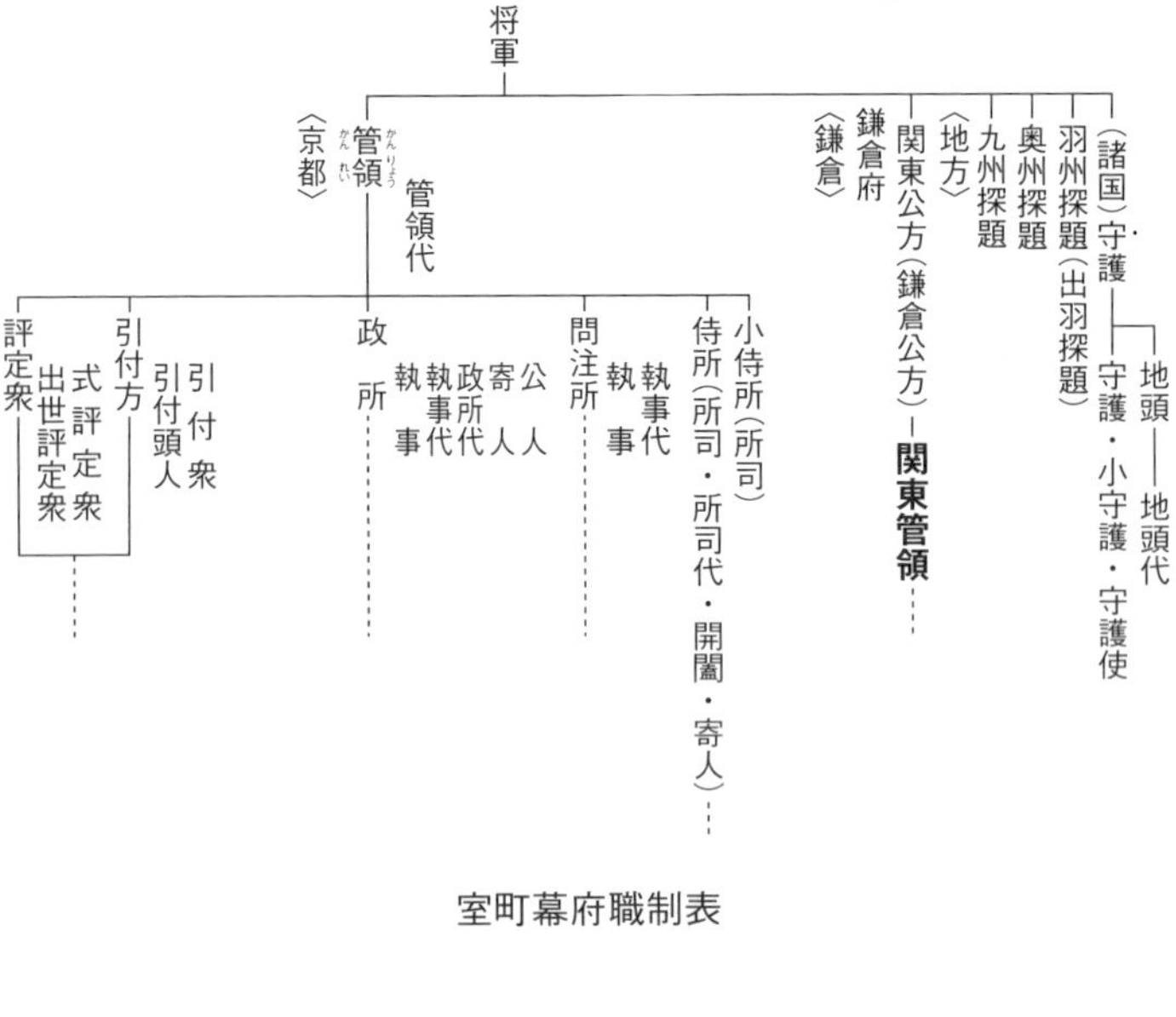


室町幕府職制表

さて、後北条氏と扇谷上杉氏の抗争という本書の主要なテーマの一つに近づいてみよう。天文六年（一五三七年）のことである。何十年にもわたり、関東では扇谷上杉氏と後北条氏の覇権争いが続いていた。前頁上に当時における関東の勢力図を示す。

ここで北条氏とは第二章で説明したように後北条氏（豆州、相模を勢力範囲とし、初代は伊勢宗瑞新九郎で、彼の死後、二代目氏綱の代より北条早雲と呼ばれた。ちなみに、氏綱が北条姓を名乗ったのは一五二三年より）のことである。この天文の頃は二代・北条氏綱の世である。

扇谷上杉氏は鎌倉近郊の扇ガ谷に居住したことから興った家名で、十五世紀にいくつかの上杉氏の諸家に分かれたことは第二章で説明した通りである（よくご存じの上杉謙信は、このうちの山内上杉氏の関係の出自である。なお、謙信は上杉家の直系という訳ではなく、越後守護・上杉家に仕える家宰で、越後守護代長尾為景〈三条長尾家〉の四男・景虎である）。また、このうちの他の一派が扇谷上杉氏であった（但し、以下混乱を生じない場合には扇谷上杉氏を単に「上杉氏」と呼ぶ）。

後に出てくる「山内上杉氏」の〝山内〟も同様に鎌倉の山内に居館を置いたことに因んでいる（鎌倉の地図で確認できる）。

読者もよく聞く名将太田道灌はこの扇谷上杉氏の家宰（家老職）であったが、文明一六年（一四八六年）、家来でありながら相模の国粕谷（現在の神奈川県伊勢原市）の館で開かれた酒席に招かれ、扇谷上杉定正に風呂場で謀殺された。この時、太田道灌が発した「当方滅亡」の言葉（自分がいなくなれば扇谷上杉家に未来はない、という意味）は有名である。この定正については、後の章で書状が登場する。余談になるが、この定正、因果応報というべきか、その後荒川渡河中に落馬して死ぬことになる。

なぜ道灌が謀殺されたかであるが、それまで道灌は、周辺の争いを悉く収め、周囲からの声望も一段と高くなっていた。これを上杉定正は快く思っていなかったようである。そこへ、同族の山内上杉氏が「道灌が扇谷上杉氏」を乗っ取ろうとしていると吹き込んだらしい。いつの時代も「出る杭は打たれる」ということかもしれない。

当時は下克上の時代でもあるが、扇谷上杉家は有能な配下を失うこととなった。さらに、道灌の予言通り、六〇年後、扇谷上杉氏は滅ぶこととなる。道灌暗殺により、道灌の子・資康《すけやす》はもちろん、扇谷上杉家に付いていた国人や地侍の多くが山内家へ走った。扇谷定正はたちまち苦境に陥ることになった（山内上杉氏の思惑通りだったかも）。

この天文年間に至るまで、北条氏は相州から武蔵南部に進攻し、扇谷上杉氏が取立てた江戸城（現在の江戸城と同じではない。太田道真・道灌親子の縄張り・普請である。その後、家康により江戸城のお堀は螺旋状とされ、拡張性に富んでいたとも言われる）を攻略するなど（この際、太田道灌の孫・資高が後北条氏と内応）、上杉氏を圧迫していた。扇谷上杉氏は、同系の山内上杉氏とも、争い・和睦を繰り返していた。なお第四章で述べるが、例の「古城」の比定地が、まさに、この太田道灌と見事に関連してくるのである。

上杉氏は名門で、山内上杉氏は山内家の宗家であり、関東管領職であったが、これを扇谷上杉氏と争っていた。扇谷上杉氏は相模守護職であった。先の北条氏綱と相対峙していたのは上杉朝興で、天文六年（一五三七年）に至るまで、氏綱とは一四度に及ぶ戦で一度も勝利することがなかった、と朝興は遺言の中で述懐している（この遺言が述べられた文書の一例を次頁に示す。遺言の文章は、細部は文書によって異なるが、大意において差はない）。これは『相州兵亂記』によるものである（二一〜七行が遺言）。第五章に遺言の、別文書の記述も掲載されているので参照頂きたい。かなり激烈な表現で書かれているものもある。

この遺言については、その内容が、後の章で意味を持ってくるので是非、遺言した上杉朝興の心情についても気に留めておいて頂きたい。要は、死んだ後の仏事なぞ必要はない、そんなことより北条氏綱をすぐさま討て、退治せよとのことだったのである。

さて、扇谷上杉朝興は天文六年四月二七日河越城（氏綱に江戸城を追われ、埼玉県川越

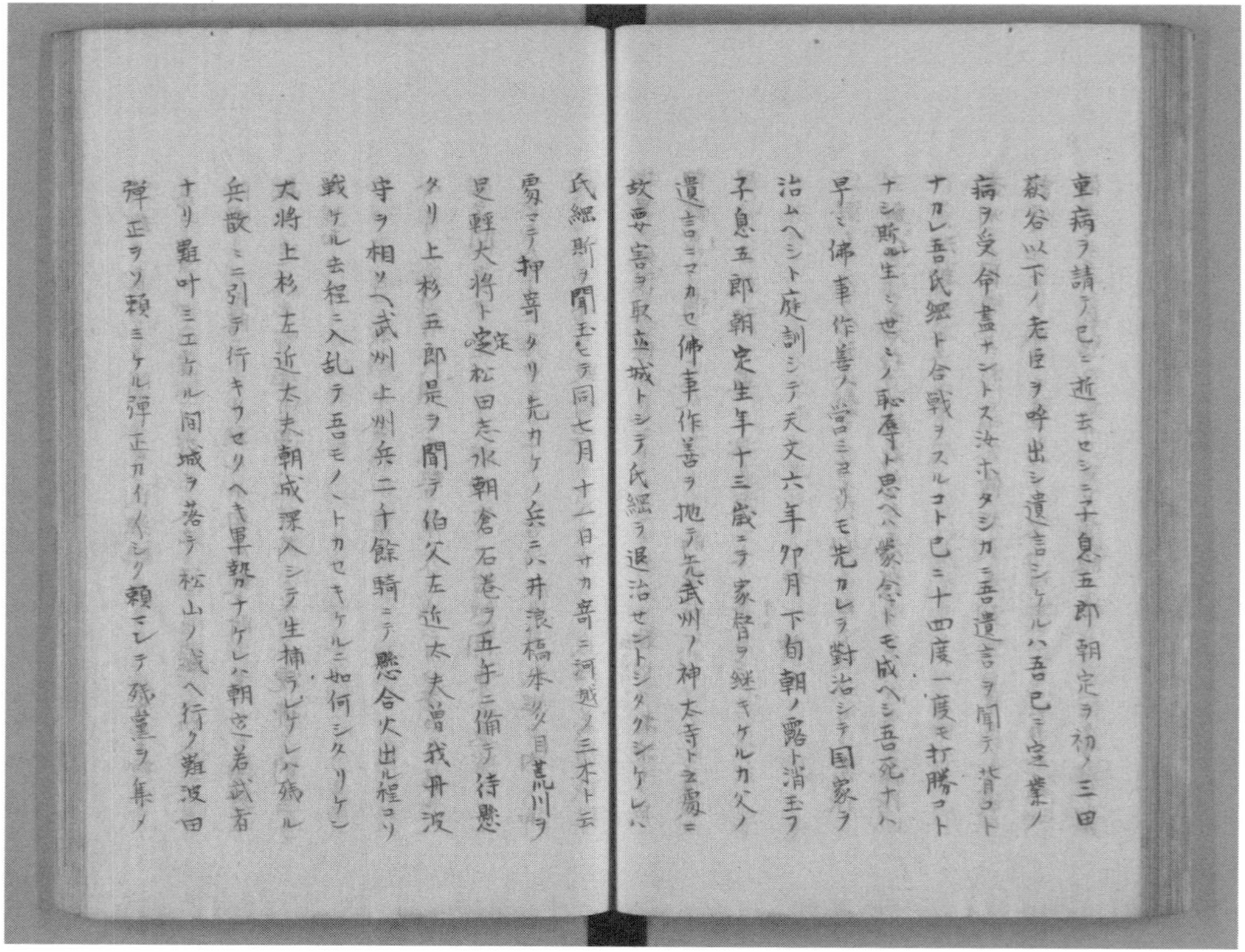
重病ヲ請テ已ニ逝去セシニ子息五郎朝定ヲ初ノ三田
萩谷以下ノ老臣ヲ呼出シ遺言シケルハ吾已ニ定業ノ
病ヲ受命盡ナントス汝ホタシカニ吾遺言ヲ聞テ背コト
ナカレ吾氏綱ト合戦ヲスルコト已ニ十四度一度モ打勝コト
ナシ斯テ生ミセシノ恥辱ト思ヘハ蒙念トモ成ヘシ吾死ナハ
早ミ佛事作善ノ営ミヨリモ先カレヲ對治シテ国家ヲ
治ムヘシト庭訓シテ天文六年卯月下旬朝ノ露ト消玉ヲ
子息五郎朝定生年十三歳ニテ家督ヲ継キケルカ父ノ
遺言ニマカセ佛事作善ヲ抛テ先武州ノ神太寺ト云處ニ
故要害ヲ取立城トシテ氏綱ヲ退治セントシタクシケレハ
氏綱斯ヲ聞玉ヒテ同七月十一日ナカ寄ニ河越ノ三木ト云
處マテ押寄タリ先カケノ兵ニハ井浪橋本多ノ目荒川ヲ
足軽大将ト定松田志水朝倉石巻ヲ五手ニ備テ待懸
タリ上杉五郎是ヲ聞テ伯父左近太夫曽我丹波
守ヲ相ソヘ武州上州兵二千餘騎ニテ懸合火出ル程コソ
戦ケル去程ニ入乱テ吾モノヘトカセキケルニ如何シタリケン
大将上杉左近太夫朝成深入シテ生捕ラレケレハ残ル
兵散ニ引テ行キフセリヘキ軍勢ナケレハ朝定ハ若武者
ナリ難叶ミエケル間城ヲ落テ松山ノ城ヘ行ク難波田
弾正ヲソ頼ミケル弾正カイ〳〵シク頼マレテ残黨ヲ集ノ

『相州兵亂記』（国立国会図書館デジタルコレクション）

市）にて死去する。これに伴い、朝興の嫡男朝定が若干一三歳にて家督を相続する。前頁に示した朝興の遺言に従い、朝定は氏綱に復讐戦を挑むことになる訳である。この戦に先立ち、朝定は相州（相模）への足掛かりとして、武州のとある古城を再興したと多くの史書に記録されている。これには文書によって相州の他に、「小田原ヲ攻入ントス」や「氏綱退治ノ企テス」とする文書もある。

これは、再興した「古城」の場所が、より合理的に考えられる場所を比定するための一つの基準ともなるであろうと筆者は考えた。上杉朝定が北条氏綱と領土戦を戦った、即ち、第二章であったように、上杉氏がこれまで失った領土を取り返すべく戦ったのかどうかということ、戦いの位置づけの問題である。領土は、戦の結果として後から付いてくるものである。また、当時は武蔵南部では、ある時は上杉氏の支配、ある時は北条氏の支配というように、攻めたり攻められたりの繰り返しであったようでもある。後の章において、もう少し詳細に父朝興の遺言への朝定の心境も勘案しながら議論をさせて頂く。

これまでの定説をごく簡単に表現すると、以下枠内のように表される。これまで古文書のほとんどには河越・三木の合戦以前の記載が非常に少ないからでもあろう。

しかしない訳ではない、あるのである。これから本章の中で明らかにする。

定説（従来）
天文六年上杉朝定は父朝興の遺言に従い武州の◎◎寺というところの古城を再興、北条氏綱を退治しようとした。ところがこれを知った北条氏綱は直ちに出馬し（◎◎寺城を無視、素通りして）河越三木に陣取り、合戦が始まった。

これがおよそ従来から語られて来た物語である。着目すべき点は「◎◎寺城」では戦がなかったと伝えられていることである。この点については、〝はじめに〟で述べた、「文化庁・文化遺産オンライン」の記事に簡潔に語られている。

本書がこれから進めていく話は、この「再興した古城」が、どの地の古城であるのかという場所の特定（比定）である。この地が何処に当たるかは、多くの史書（古文書）に述べられているのである。これに基づき、現代に沢山の書物が著され、その中でこの古城について述べられている。この特定されている、現在、定説となっているのが『深大寺《じんだいじ》城』（調布市）なのである。これは何も、現代、この地を特定しているだけでなく、江戸時代に遡っても深大寺が記された文書が複数あるのだ。この場合、古城としては『深大寺城』が該当する。この深大寺城については、現在公園として整備され、上杉朝定が再興した城跡として、国指定の史跡となっている。確認されている三郭の城郭の一部はテニスコートとなっていて見ることはできないが、他は比較的保存状態は良好のようである（私有地であったとのことで開発を免れることができたとも）。

筆者は、この深大寺城と比定している事実について疑問を感じ始めたのだった。歴史を、一〇〇パーセント正確に過去の史実を掘り起こすことが困難であることは理解しているつもりである。しかし、可能な範囲で正確な検証を行うことも大切なことである。出発点として、本テーマについて説明したい。どのような疑問であるかは後ほど詳しく述べるとして、本テーマに関して著した一例を出版された文献で見てみよう。引用した文章は黒田基樹著『関東戦国史』からである。

この勢いのまま、義明は古河公方足利晴氏を攻撃するべく、六月になって、その宿老梁田《やなだ》氏の本拠関宿《せきやど》城（野田市）に向けて進軍し、七月には晴氏方とのあいだで合戦を展開している。かつて関東享禄の内乱の際は、両者は味方の関係にあったが、やはり古河公方と小弓公方とは相容《あいい》れない関係にあったということであろう。

この義明の進軍に応じるように、扇谷上杉朝定は勢力回復をめざして武蔵府中に進出し、神太寺《じんだいじ》城（調布市）を取り立てた。氏綱としては領国内部に築かれた敵方の拠点をそのまま放置しておくわけにはいかないから、駿河から帰陣すると、すぐに七月十一日にその攻略のために武蔵に向けて出陣、同城を攻略すると、そのまま河越城に向けて進軍した。

そして河越城南方の三木《みき》で迎撃のために出陣してきた扇谷軍と対戦となったが、難なくこれを撃破した。しかも大将であった朝定の叔父朝成《ともしげ》を生け捕りにするというおまけつきであった。主力軍が敗戦したため、朝定は河越城の維持は困難と考え、同城から退去し、家宰難波田善銀の本拠松山城に後退した。北条軍はさらに進撃して松山城の攻撃にあたった。


その他の要素も書かれているため、これまで本書では触れていないものもあり、わかりづらいと思われるが、要点は「扇谷上杉朝定は勢力回復をめざして武蔵府中に進出し、神《じん》太寺《だいじ》城（調布市）を取り立てた」という文中にある『神太寺』である。これを「じんだいじ」と読むことの妥当性なのである。さらに、「じんだいじ」と読んだうえで、（調布市）との説明が付記されているので、著者の意図は、明らかに『深大寺』（調布市）である。

一方で、同著者は、平成三〇年刊の『図説 戦国北条氏と合戦』には「七月初め、朝定が武蔵府中に進出して、神太寺古要害《じんだいじふるようがい》（東京都府中市）を取立てた。これに対して氏綱は、同十一日に武蔵に向けて出陣し、神太寺要害を攻略して、逆に河越城に向けて進撃し

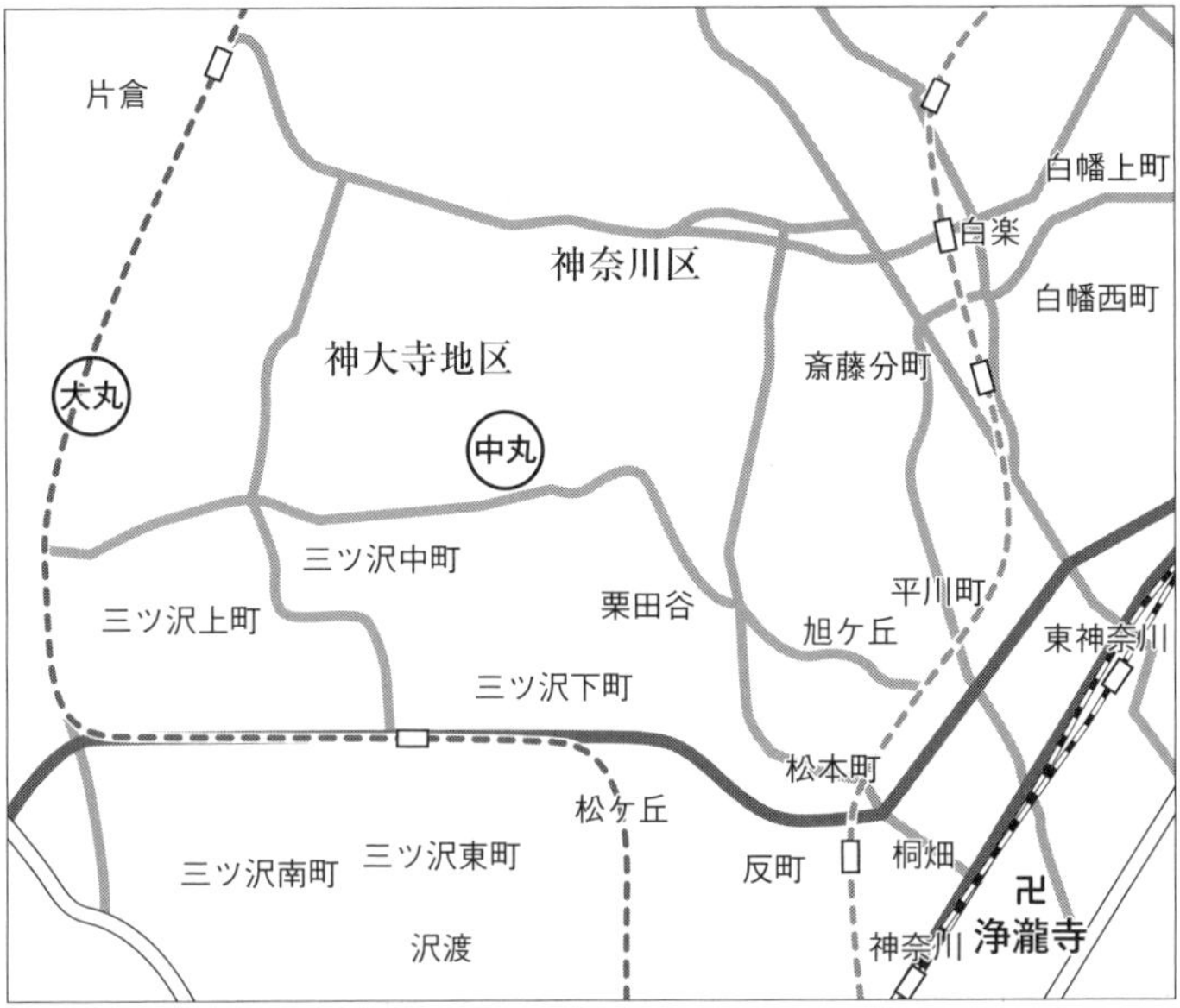


浄瀧寺及び神大寺付近地図

た」との記載がある。

詳細は第四章に譲るが、もう一つ、こういった事実がある。すなわち、『神大寺』『神太寺』、または『神代寺』と称する地域が横浜市神奈川区にも存在するのである。この地は「かんだいじ」と呼ばれている。この地には、かつて城（要害とも。当時の城とは後刻触れるように立派な城郭や石垣を有するものではない）と呼ばれる砦が存在したと伝えられている。今でも、「中丸」や「大丸《だいまる》」といった地名が残されている。理解を容易にするために、上にその横浜市神奈川区にある神大寺地区を示す地図を掲載した。太の字が大となっているが、神大寺は、古来、神太寺とも書いたのは既に述べた通りである。

この「中丸」及び「大丸」が、この神大寺地区において、どのような意味合いを持ったかは、今や想像するのは難しい。そこで、解決には至らないまでも、一つのヒントとして他の地区の例を挙げてみたい。

筆者が川崎市多摩区にあった小沢城の、北条氏康〈氏綱の子〉が初陣で上杉朝興に勝利した際、氏康が「勝った！　勝った！」と叫んだという『勝坂』を見つけようとして地図を見ていた際に、小沢の「大丸《おおまる》」を目にし、この地名について調べてみた。

まずは『新編武蔵風土記稿』の多摩郡（府中領）に「物見などせし所なるべし」という一文がある。物見・監視を目的とした城砦だったということである。ここ稲城市には大丸城という城も存在したようである。

これは、筆者の想像であるが、神大寺地区にある「大丸」も同じ意味合い、即ち、城の近くにあった物見櫓・砦とも解釈できそうである。小沢城も、まさに後北条氏と扇谷上杉氏の争った同時期であった（一五三〇年、上杉朝興が府中に出陣した際、後北条氏が小沢天神山城に本拠を置いた時の上杉氏の物見櫓として使われたと考えられている。肝心なのは上杉氏にも関連していることである）。この朝興と後北条氏綱とは、まさに登場人物と同じ配役である。

六一頁の地図では、左端中央に、「大丸」（濃い丸枠で囲んでいる）と見える。横浜市神奈川区片倉の地元ガイドの方たちから教えて頂いたのは、この「大丸」は片倉では、「だいまる」と呼んでいるとのことである。

一方、東京都稲城市大丸では、「おおまる」と呼ばれている。もう一件、横浜市都筑区に茅ヶ崎城という、やはり、同時期の戦国時代の城跡がある。この周りにも、やはり、「大丸《おおまる》」が存在する。この他、「二の丸」や「中丸」が地名として残されている。当時、城の周りにはごく当たり前にあった地名のようである。

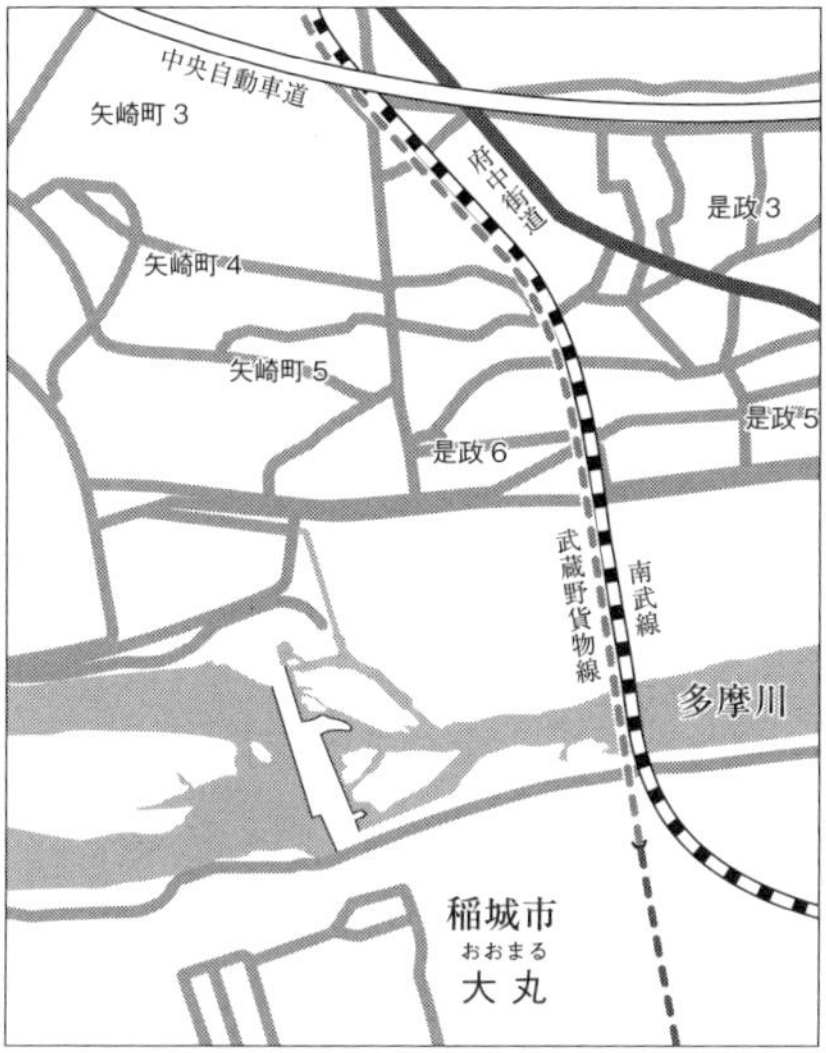


扇谷上杉氏は鎌倉にもいたが、その地元は当時ではもはや、北条氏の勢力圏というか、お膝元になっていたのである。なお、参考と記録に残すという意味で、この小沢の大丸が見える地図を上に示しておく。

読者にも、混乱となりうる史実の一端を

見て頂けたと思う。

古、漢字で書かれた固有名詞、地名などは本来読みの「音」だけに意味があって、漢字でどう書かれているかはあまり問題ではなかったのである。だからと言って、すべての漢字記載に意味がない訳ではない。その地名、寺院名などよく知らない人たちも多かったのであろう。また、全員に漢字の素養があった訳でもなかったであろう。勘違いしてはいけないのは、現代表記されている漢字は、「現在、そう書いている」という以上の価値を持たない、即ち、現代の地名と比較して正しいとか、正しくない、といった問題ではないのである。

一応の準備が整ったので、読者とともに、次章で詳細にこの問題の展開を見ていこう。

■第４章

# 文書による古城〝ジンダイジジョウ〟の比定

前章までを予備知識として頂いて、詳しく歴史書（古文書）などを見ていこう。歴史書と言っても数多く存在する。これらのすべてが史実を語っているとも限らないし、口伝による伝承や他の文書からの引用も多く含んでいるに違いない。この事実を頭に入れて、検討を進めることにする。

また、状況を複雑にする要因の一つとして、地名を表す漢字での表記がある。これは、歴史的に見ても常套であり、以下の説明の中で具体的に示していく。ここで例として我々がよく知る『多摩川』について歴史を紐解くと、漢字表記として最も古いのは万葉集で「多麻河伯」、そして「玉河」「玉川」「多麻川」「多波川」などがある。さらに、現代では、『武蔵』と書くが、古、「无邪志」とか「胸刺」とかも書いている。何やら、おどろおどろしい気もするが、これは先に述べた通り、『武蔵』が正しい表記ということではなく、今はそう書いているというだけである。これらの表記は、読む音は同じなのである。要は、読む音に適当に漢字を当てている場合が多いのである。

前章で述べたように、上杉氏と北条氏は関東の覇権を争い、幾多の戦火を交えたという。中でも、上杉朝興は北条氏綱と一四度に及ぶ戦を戦ったが武運はなかったことは既に述べた通りである。失意のうちに天文六年（一五三七）四月下旬に逝去、嫡男朝定（この時一三歳）に家督相続をし、激烈な遺言を残したことは、見て頂いたところである。

上杉朝定は、遺言に従い、北条氏綱を討つべく武州の古城を取立てたと伝えられ、多くの文書にその旨の記述がある（紛らわしいが、今一度、この時期の城とは江戸時代以降のように立派な石垣や天守閣を持つようなものではなく、古文書の一部にも登場するように、要害とか砦と呼ぶ方が相応しいものであろう。付録一に、簡単なこの時代の城の様子を示しているので参照頂きたい。これは、深大寺城の想像図である〈調布市提供〉）。ここから先の説明の複雑さを避けるため、支障がない限り、（要害や砦の意味を含めて）古城とか城と書くことにする。当時は、堀や土塁などで防御する城が非常に多く存在する。一説によると、五万ほどの城が全国にあったとも言われている。

天文六年、上杉朝定取立の古城が「何処にあった古城であるか」が本書の大きな目的の一つで、探索するテーマである。

この古城については、通説として武州府中深大寺の「深大寺城」として取り扱った現代の資料・著作が多い。『東京都の地名』日本地名歴史地名大系（二〇〇二年発行）、『扇谷上杉氏』黒田基樹著（二〇一二年発行）、文化庁・文化遺産オンライン（既に触れた）など多数、と枚挙に遑がない。従って、ほぼこの「深大寺城」が定説となっていると言っても過言ではない。このことは、第三章で一例として取り上げさせて頂いた黒田先生の著作にも、「じんだいじじょう（調布市）」と記されている通りである。同先生は、戦国時代の扇谷上杉氏について数多くの著作を著されている。これは、先に示した同先生の著作の巻末を見て頂ければわかる。

一方、文書では、横浜市神奈川区神大寺町に存在したとされる「神大寺城」と記す文書は非常に限られている。ちなみに先の黒田先生の記述を見ても漢字では「神大寺城」となっている通りである。なお、現在は「神大寺」と書くが、過去には「神太寺」「神代寺」とも、さらに古くは「神臺地」とも書いたことは既に述べた通りである。今後は、あまりこの違いは意識せずに先に進む（但し、状況が異なる場合には、漢字表記については再度説明する）。先の黒田先生の著述の表現を見れば、賢明な読者諸氏は、古文書の地名の読みと漢字表記には何か不自然さや割り切れない関係がありそうだ、ということに気付かれたであろう。

「神大寺」→【じんだいじ】とも読めるのである。

以上からも、「深大寺城」を比定地とするには必ずしも十分かつ正確な比定が為されていないとも言えるであろう（ほとんどのケースで、そう読む理由が書かれていない）。

本書で述べる調査研究の中では、これまで定説とされてきた比定に対する根拠や論証も探っていく。定説に十分な根拠が見出されれば、それも大いなる成果として意義があろう。

そこで、可能な範囲で古文書を調査し、実情精査し、定説の信ぴょう性、さらには、改めて比定地を明らかにしたいというのが本章の狙いである。

調査した文書は一四個で、上杉朝定取立古城に関連する歴史的記述内容だ。これら文書類は、成立年（刊行された年代）も幅広いし、成立年自体が不明なものも多い。また、相互に記述を引用しているものもあり、すべての文書が独立して記述された、史実に忠実なものとは考えられず、その引用関係も明らかにしておく。また、一部文書は後代に編纂され、説明が付加されて発行されて、その際に地名・城名・寺名などの表記の漢字に読みの「ルビ」が振られているものがある（原書にはなかったもの）。これは、それ以降の読者を誤った方向に誘導する危険もある。例えば、文書での記述が「神大寺」とされたものに読みとして「じんだいじ」というルビを付しているケースも見られる。実は、原文では、これは「かんだいじ」と読み、横浜の神大寺を意図していたかもしれないのである。

右の漢字表記の「読み」の問題は、これからの「定説の検証」を進めるうえで重要なポイントとなってくるのである。第三章で黒田先生の著された書の中の「神太寺城」に与えられたルビが「じんだいじじょう」となっていることからも理解されよう。

また、後世において参照されるのは現代の著書の方が多く、そこでは、古文書に「神大寺」と書かれた記述を引用するに当たり、何らの説明や根拠を与えることなく、「神大寺

＝深大寺」、または「神大寺（深大寺）」とするのである（『扇谷上杉氏』三二五頁）。

何やら、根拠なくあの古城は「深大寺城」が前提となり、これが暗黙の了解事項のようである。しかしこれが、無理なく了解される最低限の条件は、当時「深大寺城」の他に「神大寺」や「神大寺城」と表記される城・地名・場所が武蔵国に存在しないとされていることである。しかし、現実は、否である。

皮肉なものである。それも上杉・北条両氏の覇権争いが展開されていた、まさに武蔵南部に存在するのである。近くには、当時の戦場であった、青木城や権現山城が存在するし、太田道灌が攻めた小机城もある。とすれば、当然、「神大寺」を何故「じんだいじ」と読むことができるかは大いに再考されなければならない。

次頁に「深大寺」と「神大寺」の位置を地図で示す。両地は、直線で二〇キロメートル程度の距離であり、中世と言えども相互に情報が行き交う距離感であろう。徒歩でも四、五時間である。但し、歴史的に見た場合、次のような留意すべき点がある。
（一）「深大寺」は古刹であり、開山は伝承（深大寺真名縁起）によると天平五年（七三三年／但し、長辨《じょうべん》〈一三六二〜一四三四年〉による「私案抄」によれば二〇〜三〇年ほど後となっているが）、即ち、八世紀半ばであり、本書の扱っている時期よりは遥かに遡る。よって、「深大寺城」はこれ以降に整備された城と考えられる。築城時期は明確ではないが、一三～一四世紀とも言われる。現在でも「深大寺城跡」を見ることができ、「深大寺」からは歩いて数分の距離で非常に近い。

深大寺城と神大寺城の位置関係（2つの☆で示している）

古来、城山と呼ばれている。後ほど述べるように、城跡の発掘調査も昭和になり二回、平成になっても二回ほど行われており、その報告（「国指定史跡　深大寺城跡」平成二六年・調布市教育委員会・調布市遺跡調査会）もされている。三つの郭（曲輪《くるわ》）の跡があり、堀、土塁や虎口などの跡が見られる。現在残されているのは第二郭の建物跡であり、発掘による出土物は目ぼしいものは特にないようである。

（二）「神大寺」は「深大寺」の開山から時を経ること約八〇〇年ほど後であり、一五〇〇年代に入って北条氏の家臣笠原信為によって草創された。現在、町名として「神大寺」の名が残されているが、どの場所に寺があったか定かではないとされており、現地で尋ねてもその存在すら知る人は少ない。火災により寺は移されたが、それが現在横浜市港北区にある「雲松院」とされている（ＪＲ横浜線小机駅より徒歩二分、これは、神大寺にほど近い同線東神奈川駅から四つ目）。「雲松院」には、笠原氏の墓所があり、何代にもわたって祀られている。

重要なのは「神大寺城」である。この史跡は現在見ることはできない。神大寺町地域は既に大規模に宅地化され、昔の面影はない。地図を見ると、僅かに「中丸」や「大丸」といった地名がかつての城の存在を暗示しているに過ぎない。但し、この地域には北条氏が築いた城が多い（「権現山城」「青木城」「小机城」などは極めて近いことは既に述べた通りである。これらの城では上杉氏との間で戦火も交えている）。後に述べるが、実は比定された神大寺城は、上杉氏家宰であった太田道灌とも関連があったのである。

この二つの古城はいずれも寺とセットになっており、寺に記録が残っていれば、もう少し具体的かつ客観的な調査も可能だったのであろう。しかし、ご存じの方も多いと思うが、寺は火災にあうことが多いのである（落雷などの自然災害、戦火による焼失、火の不始末などによる出火など）。「神大寺」については既に述べた通り、寺は火災後小机に移転している。また、「深大寺」の方は一六四六年に炎上し、寺に伝わる縁起など寺伝の文物の類が悉く焼失した。

但し、先に登場した、一四世紀末～一五世紀中頃の深大寺住職を務めた長辨《じょうべん》の記した『私案抄』という記録が残されており、当時の深大寺を取り巻く状況を垣間見ることができる。例えば深大寺は鎌倉時代に兵火に焼かれて荒廃し、これに心を痛めた世田谷の「吉良氏」が、寺を再興した後も寺と関係を持っていたことが窺える。この吉良氏の信心は篤く、太刀一振りを奉納したともある。吉良氏とは足利氏の一門で、この後、江戸時代に忠臣蔵で登場する「吉良氏」とも関係するが、天文年中の頃は、後北条氏の保護下にあった。即ち家臣である。これも、古城を取立てた当時の深大寺が誰の勢力圏となっていたかを知るうえで重要なポイントとなろう。今の世田谷に城があったことを不思議に思われる読者もいると思われるので、参考までに東京世田谷区にある「豪徳寺」に隣接する吉良氏城址の絵図を次頁に示す（『江戸名所図会』）。絵図の中の右下に吉良氏城址（世田谷城とも）の記述が見える。

なおこの吉良氏は、天文六年以降ではあるが、永禄三年（一五六〇年）に深大寺に対して「七カ寺安堵状」の中で、筆頭寺として挙げて安堵している。本安堵状は九四頁に写真を掲載している。

登場する二つの古城について背景を少しばかり述べたが、これから言えることが一つありそうである。

「深大寺城」の方が、当時から知名度はかなり高かった。

即ち、例えば勘違いをされる時、有名な「深大寺城」とすることも十分想像される。現代であれば様々な情報を検索・確認したりでき、当時の人に比してより多くの史書にもアクセスできる訳で、より客観的な判断もできるであろう。当時は、こういったことが、なす術もなかった訳で、個人の持つ知識や記憶で判断されるということもあったであろう。

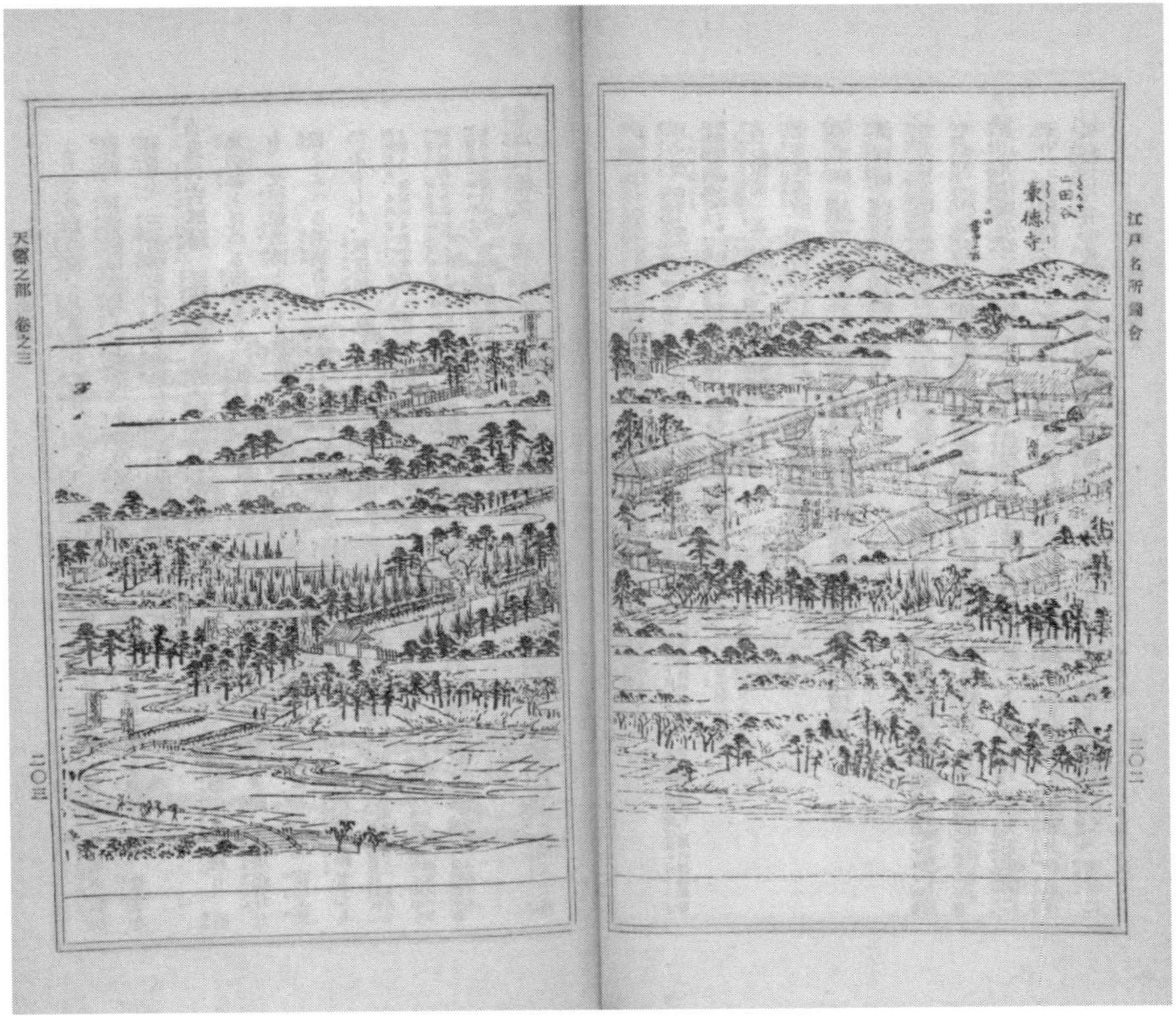


豪徳寺（『江戸名所図会』国立国会図書館デジタルコレクション）

ここでも参照の多い、『新編武蔵風土記稿』（昌平坂学問所が二〇年ほどの歳月をかけて作り上げた）の中でも、地域・地名などの項目における説明も、この神大寺城と深大寺城についての記述には一貫性はない。まあ、一人で記事を編集した訳でもないであろうから、このような事態も起こり得るのだろう。

さて、少しばかり回り道をしたが、古文書による検討に戻ろう。先に述べたように可能な範囲で次のような一四文書の記述を調べた。それぞれの下の丸数字は七八〜七九頁にまとめた表1での項目の番号である。

- 小田原記（北条記）①
  小田原編年録②〜⑤
  北条五代記⑥
- 大日本地名辞書　坂東編⑦⑧
- 新編武蔵風土記稿⑨
- 鎌倉九代後記⑩
- 鎌倉管領九代記⑪
- 東京市史稿⑫⑬

- 河越記⑭
- 相州兵乱記⑮
- 戦国遺文後北条氏編⑯
- 外史⑰
- 野史⑱
- 快元僧都記⑲

もちろん、これらすべての文書に具体的かつ明確な記述が発見された訳ではない。しかし、このリストの相当数の文書に「上杉朝定取立ての古城」についての記載があることが判明した。

表1に、文書の記載内容、引用文書成立年などを整理した。各文書の成立年は、明確にできるものは残念ながらあまりない。これらの文書は記載に当たり他の文書を引用していることも多い（文書中に引用文書を記すものも多い）。そこで相互の引用関係で新旧を判断することになる。

表1

| 文書名 | 記述内容 | 引用文書 | 成立年 | 備考 | 一次資料としての可否（可は○で示す） |
|---|---|---|---|---|---|
| ①小田原記（北条記） | 先武州の神大寺と云ふ処に要害を取り立て城として | | 戦国末期以降？ | 解説付き文書では校注で「じんだいじ」とルビをうっている | ○　可能性あり<br>神大寺 |
| ②小田原編年録 | 先武州神大寺の故城ヲトリタテ | 小田原記 | 文化年間か？ | 五代記には深大寺とイエリ | |
| ③小田原編年録（城郭） | 神大寺城<br>天文六年上杉朝定此城ヲ修ス | | 同上 | | ○　可能性あり<br>神大寺 |
| ④小田原編年録（附録） | 神大寺砦　天文六年上杉朝定氏綱ヲ攻メントテ要害ヲ構ヘシ | 小田原記 | 同上 | | |
| ⑤小田原編年録（附録） | 深大寺城 | | 同上 | 朝定の記述はない | 史料としては無意味 |
| ⑥北条五代記 | 天文六年道をあらため兵をおこし、深大寺と云古城を | | 元和（寛永期）か？ | 史料として使用するには検討が必要であろう | ○　可能性あり<br>深大寺 |
| ⑦大日本地名辞書　坂東 | 神太寺<br>天文六年、上杉朝定氏綱を攻めんとせし時、片倉神太寺に | 小田原記 | 明治後期 | | |
| ⑧大日本地名辞書　坂東 | 深大寺<br>天文六年、上杉朝定<br>武州深大寺の旧塁を取立 | 小田原記<br>鎌倉九代後記等 | 同上 | | 下の『新編武蔵風土記稿』と記述も一字一句同じで引用文献とも異なり信じがたい |
| ⑨新編武蔵風土記稿 | 古城址<br>天文六年、上杉朝定武州深大寺ノ旧塁ヲ<br>浄瀧寺<br>天文年中北條氏？<br>上杉朝定ト神代寺ノ原ニテ合戦ノ頃兵火ノ為ニ寺中盡ク焼失シテ | 小田原記<br>鎌倉九代後記等<br><br>新編武蔵風土記稿（青木町の項） | 文化・文政（1804年～1829年、化政文化の時期） | 鎌倉管領九代記には神太寺とあり。<br>小田原記にも同様<br><br>神大寺は「神代寺」とも書いた。 | 本文書の記述は信じるに値しない<br><br>○　可能性大<br>神太寺<br>比定に有力な記述史料である |
| ⑩鎌倉九代後記 | 同国神太寺ノ古キ要害ヲ取立 | | 江戸時代中期 | | ○　可能性あり<br>神太寺 |
| ⑪鎌倉管領九代記 | 同国神太寺の古き要害を | | 寛文12年（1672） | | ○　可能性あり<br>神太寺 |

| 文書名 | 記述内容 | 引用文書 | 成立年 | 備考 | 一次資料としての可否（可は○で示す） |
| --- | --- | --- | --- | --- | --- |
| **⑫東京市史稿** | 雲松院<br>天文六年、上杉朝定北条氏綱を攻メントセシ時、片倉神太寺ニ要害ヲトリ | 小田原記 | 昭和7年以降 | | |
| **⑬東京市史稿** | 深大寺<br>武州神大寺といふ所に古き要害を取立て城郭とし、氏綱を<br>古城址<br>天文六年、上杉朝定武州深大寺の旧塁を取立 | 管領九代記<br><br>小田原記<br>鎌倉九代後記 | 同上 | 引用文献の内容と記述が異なる<br>⑧と一字一句記述内容が同じ | 信じるに値しない |
| **⑭河越記** | 深大寺とかやいへるふるき廓を再興し相州に向てこれをかこむ | | | | ○　可能性あり<br>神太寺 |
| **⑮相州兵乱記** | 先武州ノ神太寺ト云處ニ故要害ヲ取立城トシ | | 黒川真道（国学者）は本書文中の描写から江戸期に編纂されたものと指摘している（『国史叢書』） | 『小田原記』の書名で所蔵される昌平坂学問所旧蔵本には、表紙に「相州兵乱記」との張り紙がある | 『小田原記』と一字一句内容が同じ。従ってオリジナリティはなし |
| **⑯戦国遺文<br>後北条氏** | 随而河越衆神太寺へ陣を寄候由<br>七月三日<br>三澤九郎爲昌 | | | 書により、天文六年と比定されているものの根拠は不明である | ○　神太寺<br>本書状の作成年が比定通りであれば、非常に有力な史料 |
| **⑰外史<br>巻之十** | 朝定、深大寺城を修め、以て氏綱に挑む | | 1826年（頼山陽） | | ○　可能性あり<br>深大寺 |
| **⑱野史** | 野史に収録されているのは『河越記』 | | | | 判断材料ではない |
| **⑲快元僧都記** | 朝定の城の取立についての記述はなし<br>（本文及び補注とも） | | | 朝興「廿七日、上杉道興（朝興の法名）、於河越他界、年五十也」並びに「上杉滅亡」（天文七年十月）との記述はあり | 判断材料ではない |

文書の多くは、後北条氏に関わる歴史や戦史を記録した軍記物（小田原関連）が多い。
この表から次のような事実が抽出される。

①『小田原記』で「神大寺」との記載がある。興味を引くのは、この神大寺に「じんだいじ」というルビが振られていることである。これは後世（比較的現代かもしれない）に編纂した際に振られた校注によってである。また、「注」として、「深大寺の誤り」と記されているが、その根拠は示されず、断定的である。

②『新編武蔵風土記稿』などは、①で述べた『小田原記』及び「同国神太寺ノ古キ要害ヲ取立」とある『鎌倉九代後記』を引用しているにも拘わらず、「天文六年上杉朝定武州深大寺ノ舊壘ヲ取立」と漢字表記が変化している。この変化については何も説明がされていない。

③いくつかの文書には、古城の場所を特定できる地名が付記されている。『大日本地名辞書』及び『東京市史稿』で記載されている「片倉神太寺」である。この「片倉」とは、横浜市の地名で「神大寺」に隣接する地域を指す（武州は武蔵全体を指すため、「深大寺城」と「神大寺城」を区別するには役立たない。これも事態が明白にならない要因の一つであり得る）。

「片倉」という地名は、他にも八王子市にあるが、「深大寺」からは離れ過ぎている。

「片倉」とは、地勢を示す言葉のようであり、数多くの地に見られる。

従って、他の資料とは独立した一次資料候補と考えられるものは比較的少ない。このような事実を考慮して、同表には一次資料となり得る文書を識別している。以上を踏まえながら、比定のための一次資料の候補として考えられる可能性のある文書を挙げると、

Ａ「神大寺《かんだいじ》城」とする文書が次の五書である。

小田原記

小田原編年録

新編武蔵風土記稿（神代寺、読みは【かんだいじ】で神大寺と同じ）

鎌倉管領九代記

戦国遺文後北条氏

Ｂ「深大寺城」とする文書（二書）

北条五代記

河越記（『日本外史』：頼山陽により著され、江戸時代後期の一八二六年成立〈刊行一八三六年頃〉。一次資料とは考えづらく、根拠も明確でないが、一応、残している）

文書の数で比較するのも必ずしも適当とは言えないが、引用関係を考慮して書かれた書物を排除すると、「神大寺城」と記載したものが圧倒的なのである。

なお、同表からわかるように、『新編武蔵風土記稿』には、複数箇所上杉朝定に関する記事が取り上げられている。この記稿は、昌平坂学問所（現在の東大の源流の一つ）が、地誌取調書状を各村に提出させたうえ、実地に出向いて調査したものである（一八一〇年に開始し、一八二八年に完成したもので、比較的信頼性は高いと思われるが、引用の問題は残っている）。

「神大寺」→「じんだいじ」→「深大寺」の連鎖を断ち切るだけでこのような結果となるのである。この連鎖が妥当なものであるのかどうかであるが、現時点まで見てきた一四文書の中にその根拠を見出すことはできなかった。傍証として、記述された内容から、「神大寺」と書かれてはいるがその内容や記載の背景から「深大寺」と理解するのが必然であるとすべき文書もない。僅かに、『小田原記』の記述に注をつけ、「神大寺」の記載は「深大寺が正しい。武蔵国多摩郡。云々」とあり、「神大寺」の記載を誤りとしているくらいである。これはもちろん根拠を述べているものではない。こうなると最早「深大寺城」を古城の比定地とする根拠は全く薄弱と言わざるを得ない。

さらに複数の文書では「片倉神大寺」と、具体的な地名「片倉」（横浜市神奈川区）を指定していることから、漢字の読みから深大寺の当て字となっているという説も説得力を欠いてしまう。

これらの文書を見ていくと重要な点に気付かされる。

（一）古城を「深大寺城」とする文書で、天文六年の河越・三木（後述する北条氏綱が上杉朝定の本拠地川越に布陣した）以前の戦いに関する記述はいずこにも見当たらない。北条氏が深大寺を素通りしたという記述も見当たらない。

表現としては、「北条氏綱逆寄に出馬して三木に陣す、云々」というものがあるだけで、特に深大寺城素通りに関する具体的記述がある訳ではないが、これも何もなかったとすれば、第三章で示した定説そのものではあるのだが……。

（二）（一）に対し、「神大寺」であったとすると、表の⑨及び⑯などに見られるように、戦のより具体的かつ詳細な記述が与えられている。

以上、総合すると古文書の調査からは、本題の「古城」を『深大寺』とする明確な根拠は存在せず、何処からか、いつの時代からか、『神大寺』↓「じんだいじ」と読むことが始まり、現在まで脈々と受け継がれてきたと推測され、語り継がれるうちにいつの間にか通説、否「定説」へと成長してきたように思われる。なお、ごく一部の諸氏はこの「古城神大寺説」を取っておられることを付記する（『深大寺学術総合調査報告書』第三分冊／昭和六二年刊／三七頁）。横浜市の方たちと推測されるが、この通説に異論を唱えていることもインターネット上で知ることができる。

古城が「深大寺」であることの妥当性について見てきたが、どうもその根拠は薄いということが示された。それでは、それが「神大寺」であることを支持する根拠を示すことはできるだろうか。文書の記述内容を精査する。

殊に、⑯は北条爲昌（氏綱の子）が武蔵国神奈川地域の情勢について同地域の家臣に宛てた書状であることからも（神大寺は同じ地域にある）、「深大寺」には該当しないと判断してよいであろう（北条爲昌は、相州玉縄城主〈鎌倉市玉縄地区〉で、弟の北条氏尭《うじたか》は小机城主である。神大寺城は小机城の出城であるとも言われ、兄弟で互いの城の周りのことくらいはわかっていたであろう。これは、筆者の推測であるが）。

これは書状として残されたもので、第一級史料であろう。この書状を左記に示す。結構長いので直接関連しない部分については省略している。

北条為昌書状写

従矢野方之一書具被披見候、仍神奈川代官夫事申届候処、（中略）随而河越衆神太寺へ

陣を寄候由、此方へも申来候、（中略）恐々謹言、

七月三日　　　三沢九郎

為昌判

（『北区史』資料編　古代中世１）

右書状は、天文六年（一五三七年）七月三日に北条爲昌が送ったものと想定される（天文六年とは見えていない）。後に述べるように、書中の「河越衆」とは上杉朝定を総大将とする衆のことである。これは、この当時、まさに河越城を扇谷上杉朝定が本拠地としていたからである。父上杉朝興は河越城で死去した。実は、上杉朝興は拠点であった江戸城を、上杉家家老が北条氏綱の進軍を受け戦わずして開城した（上杉家の家宰であった太田道灌の孫が、北条氏綱に内応。上杉家による太田道灌謀殺に対する復讐とも言われていることは既に述べた）ため、河越城、松山城に退いていたのであった。

同時にもう一つ、書状の日付に注目である。

これまでまだ説明はしていなかったが、上杉朝定と北条氏綱の戦端は何日に開かれたかという問題である。着目している朝定の取立てた古城を廻る戦闘はさておき、多くの古文書（『快元僧都記』『相州兵乱記』『北条五代記』『鎌倉管領九代記』『新編武蔵風土記稿』

などなど）に武蔵三木での戦いが「七月一五日」であったとされている。北条氏綱はこれを破り、朝定は武蔵松山城（埼玉県比企郡）に出奔する、となっている。これらの記録を重ね合わせると、

天文六年七月三日、北条氏は上杉氏が神太寺に陣を設けていたことを察知していた
↓これは既に見た書状の通りである。従ってこの時点までは、未だ上杉朝定との戦端、火蓋は切られていなかったとも言える。七八～七九頁の表1で挙げた文書とも矛盾しない帰結である。

史料などの記録は見当たらないが、何か起きていたか

七月一五日、北条氏綱と上杉朝定は河越三木で戦い、朝定は敗走し松山城に出奔

ここまでは明らかなようである。
さらに、この三木の合戦以降上杉朝定との戦は種々の文書に詳細に記述されている。
以後、上杉朝定が南武蔵（現在の横浜市や調布市、府中市などを含む）において合戦に

及んだ記録はなく、天文一五年、失意のうちに戦死したのである。なお、朝定の死亡時期には複数説あることを付記しておく（要は、誰も戦死した場面を見ていないし、遺体も確認していないらしいのである。これは他のケースにも見られるが）。

それでは、破線で書かれた七月三日から一五日までの空白を埋める、新たな記事を古文書に認めることができるであろうか。「イエス」なのである。二件である。このうち前者はさらなる検証が必要であるが、まず一件、表１に示された『新編武蔵風土記稿』によれば、【浄瀧寺】の項に、

「天文年中北条氏綱上杉朝定ト神代寺ノ原ニテ合戦ノ頃兵火ノ為ニ寺中儘ク焼失シテ」とある。先に述べたように、各地域や名所旧跡について説明を加えた記事である。

この「浄瀧寺」の項目は「橘樹郡《たちばなぐん》青木町」の中で取り上げてある。このことからすると、浄瀧寺は、現在横浜市神奈川区幸ヶ谷にある寺院である。この寺院は、神大寺地区にも隣接しており、神大寺近辺の戦火で焼失することに全く違和感はない。徒歩で一五分～三〇分程度であろうか。先に掲載した神大寺の地図には浄瀧寺も示されているので確認できる。この横浜市神奈川区を実際に歩いてみると、結構起伏の多い、細くてくねった道の多い地域であり、当時は森や雑木林が多かったであろうから、結構見通しのつきにくい土地ではある。

そうなると、期待されるのはこの浄瀧寺に保存されているかもしれない古い記録などであるが、ご住職に伺ったところ、残念ながら第二次大戦時の横浜大空襲により全焼し、ほとんど何も残されていないとのことであった。戦火で失うものは大きい（二〇一八年七月現在）。

ここで追加説明をしておく。引用した件には、「神大寺ノ原」とある。読者の中には、こういった地名が存在するのかという疑問を抱く方もいらっしゃるかもしれないので簡単に説明をしておく。この問いは御尤もであるが、現在の地図を眺めても見つけることはできない。しかし、これは次のような事実で理解することができる。

この頃（に限ったことではないかもしれない）、合戦場所を「〇〇（ノ）原」という風に地名＋（河）原で呼ぶことが多いようである。例えば「高輪原の戦い」（東京都）、「立河原の戦い」（立川市）、「小沢原の戦い」（川崎市）などなど枚挙に遑がない。また、参考までに、川の近くの合戦は「〇〇河原の戦い」などあり、例として「飯田河原の戦い」（山梨県）の如くである。従ってこれをもって場所の比定ができない、という訳ではない。これは、特に合戦の場所を表現する場合に多く見られるようである。現代とは異なり、当時は戦をするような場所は、原野・原っぱが多かったからでもあろう。

尤も、この記載の場合は、神奈川・青木・浄瀧寺の項という範囲の絞り込みが為され、特定が自明のこととして行われるので、他の場所を指すということは全くあり得ないことである。

先の日付に関する記述であるが、「天文年中」とある。これでは、天文年間（一五三二年〜一五五五年）のいつかは不明である。一方、最初に第三章で述べたように、天文六年に上杉朝定は父朝興の死を受け、一三歳で家督を相続したのであり、年齢から見ても、初陣が早くともこの年、天文六年である。一方、同年七月一五日に三木にて戦に及んでいることから、この日以前が初陣ということになる。

また、七月一五日以降に上杉朝定が南武蔵、即ち「神大寺」近辺で戦ったことがないのは既に述べた通りである。以上からも、左記の天文年中「神代寺ノ原ニテ合戦」は、天文六年七月三日以降、一五日以前と推測される。

次に、もう一つの文書の記述である。

「天文六年七月一一日北条氏綱は武州深大寺の堂に楯籠りし上杉勢を追散し、大将上杉朝成を生捕りて」（遊歴雑記初編１に『鎌倉九代記』曰となっている）。

この記述は、七月一一日に「深大寺」において戦火があったことを記録している。

この争いに上杉朝定が参戦していたかどうかは不明である。しかし、この記述は、「深大寺の〝堂〟」としており、再興された『深大寺城』とは言っていないし、それを感じ取れる表現でもない。但し、この記述は、日毎の上杉勢と北条勢との状況を雄弁に物語ってくれる。一点、注意が必要なことは、「大将上杉朝成を生捕りて」の記述である。

この朝成（上杉朝定の伯父である）が捕虜となった記事については一考の余地がある。何故ならば、

「天文六年七月五日朝定神大寺ノ古城ヲ取テ小田原ニ攻入ントス北条氏綱逆寄ニ出馬シテ三木ニ陣ス城兵出テ戰左近太夫朝成擒ニセラル」（『新編武蔵風土記稿』別巻）

この文書の中では、上杉朝成は「三木の合戦」で捕虜になったとある。日数の近い二つの戦で二回とも捕虜になっているのはいささか奇妙ではある。真偽を判定するには新たな史料でも見出せない限り困難である、と思われるのでここではこれ以上議論はしない。

以上、「古城」が『神大寺城』とする場合の文書に記した記事について述べた。

読者もおわかりのように、『深大寺城』に比べて圧倒的に豊富な情報量がある。しかも、時系列的に天文六年四月以降七月中旬に至る上杉・北条両氏の動静・足取りが見えてくる。七月に至っては日毎の出来事が特定される。本件については第五章・第六章で整理している。

以上の考察から上杉朝定取立ての古城は、『神大寺城』とすることが妥当であると結論づけられる。

これが本章で一九個に及ぶ古文書の記述を調査した結果である。
以上の調査の過程で得られた知見を整理しておく。
①古文書は成立年が不明、もしくは記述されていても必ずしも有益な情報とはならない。
特に、引用を行い、転記されていると思われる場合には注意が必要である。
②文書間の引用関係が非常に多く、一次資料の見極めには注意を要する。また、引用しているにも拘わらず、転記したはずの記載内容（例えば、地名・寺名の漢字表記）が引用元とは異なっているなどの場合もある。
③地名などの読みの漢字表現は、音（読み）に対する漢字の当て字であること。これは先に「多摩川」や「武蔵」の例で説明した通りである。

本書で取り上げている『深大寺』の当て字による漢字表記の一例として、北条氏朱印状を次頁に示す。

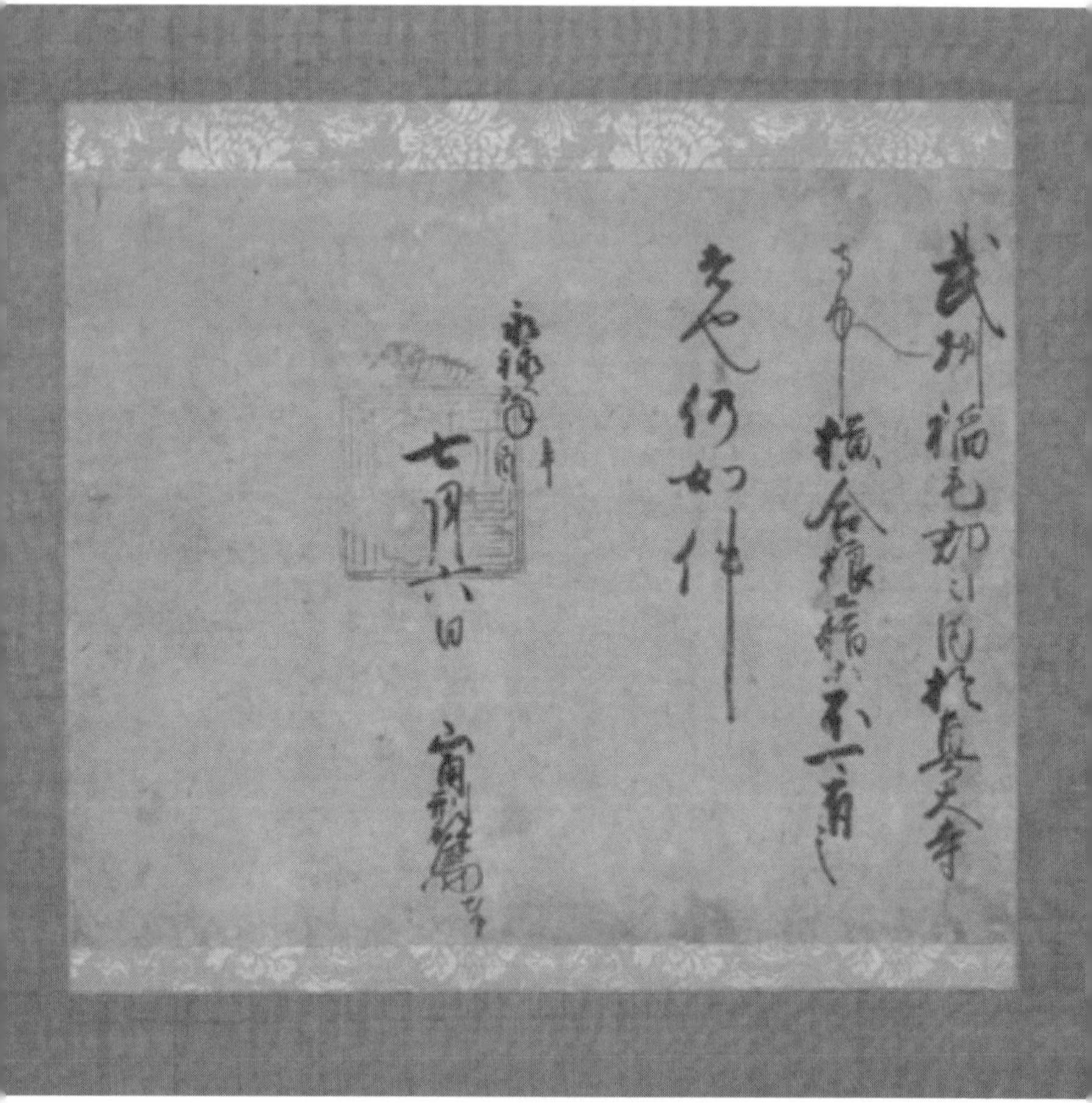

永禄四年　後北条氏朱印状

この朱印状の中では、「武州稲毛郡『眞大寺』」（永禄四年）と記されており、読みはおおよそ合うが、当て字による表記である。深大寺は稲毛郡には属していない（稲毛郡は、現在の川崎市高津区から中原区にかけてである。当時の名を遺すものとしてスーパーマーケットの名称ともなっている）。但し、当時は橘樹郡と稲毛郡の境界がかなりあいまいだったという説もあることを付記しておく。この朱印状は深大寺所有のものであり、先の当て字の解釈はほぼ間違いない。

ただこの他にも、先の朱印状の一年前、永禄三年に同じく「深大寺」など七カ寺に与えられた世田谷（東京都）「吉良氏」の安堵状（次頁）には、『深大寺』と正確に揮毫されている。これは、既に述べたように、「吉良氏」は荒廃した深大寺を再建し帰依も篤かったことからも理解できる。

なお、吉良家は、家格も高く、その後も生き残り、「蒔田《まいた》氏」と改姓（徳川家康の命で、吉良氏は一つでよい。即ち、「三河吉良氏」のみでよいとのことであった。しかし、後に、赤穂浪士の討ち入り事件で「三河吉良氏」が断絶し、蒔田氏は再度「吉良氏」を名乗ることになった）して現在に至っている。横浜市南区には、吉良氏の居城・蒔田城があったと言われ、蒔田（横浜市営地下鉄駅名となっている）という町名が残る（詳しくは拙著『蒔田吉良氏に関する文献調査』を横浜市立図書館にて公開予定）。

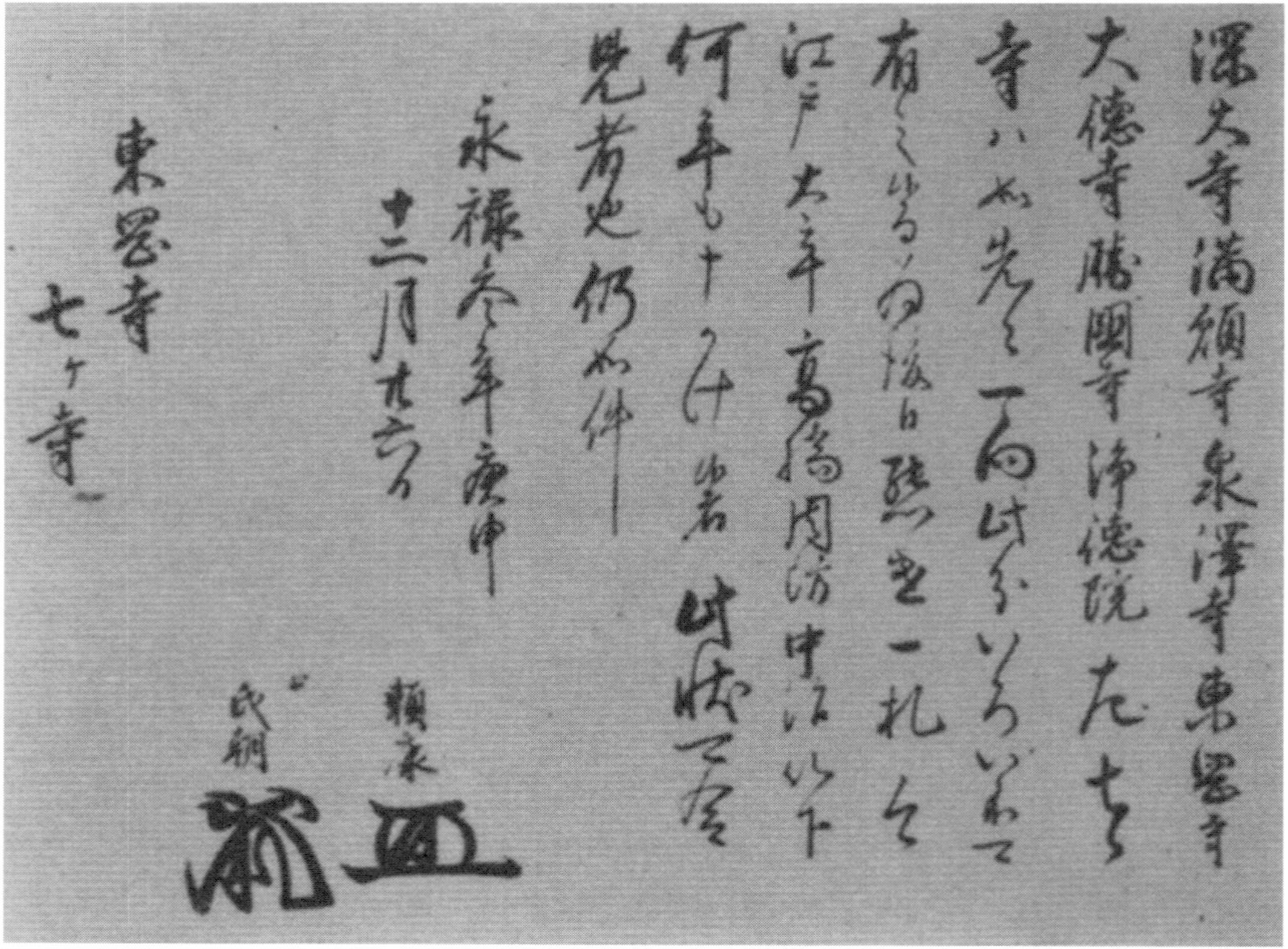

吉良頼康・同氏朝連署判物写
（東光寺蔵／東光寺は貞治４年〈1365〉、臨済宗東岡寺として創建。後、曹洞宗東光寺に改まる）

④一つの文書だけを見て史実を示すと考えるのは非常に危険である。大きな過ちを犯す可能性が高い。いくつもの文書を比較評価していくと、種々の不審な記載に出会うことになる。各文書が、原本である場合は非常に少なく、原本から複数の人の手が加えられて、ある種伝言ゲームのような状況が十分に起こり得たのである。実際に歴史上の出来事が、文書として記載されるまでには少なからず年月を経ることになる。だとすれば、それを記載する際は、伝聞などの人間の記憶に頼ることもありえるし、俗に言う勘違いや記憶違いも起こり得ることになる。さらに原本から書き写された写本が出来上がる際に誤写の危険性もありえるし、写本の実行者の解釈が恣意的に書き加えられたり、漢字に【ルビ】を付けるということも生じる可能性がある。今回の調査では、史書から現代書籍に至る数多くの文物を対象としたが、史書には著者の思想、立場や背景も大いに影響するし、これを基に後世において史書を著したり編纂したりする際、何らかのミスが生じる可能性、引用する史書に誤りがある等、誤った伝承を作り上げることもあろう。

⑤史実は一つであり、諸説ある場合、それらを比較評価し、より合理的な結論を得るよう努力する必要がある。

⑥通説がややもすると定説となっている説を無批判に受け入れてはならない。何処かの場所、時代に真説が改竄されたこともあり得るからである。

⑦一つの文書に多くの呼称がある。本主題とは直接は関係しないが、例えば『北条九代記』『鎌倉九代記』『鎌倉北条九代記』『鎌倉年代記』、これらは同一の史書とされている。こういった複雑な状況を鑑みると、文書の中の引用文書名の正確さにもいささか不安を感じざるを得ない。

⑧古い文書は今から数百年ほど昔に著されたものであるから、現在のように関連する情報を容易に得られる環境にはなく、誤りを訂正する機会に乏しい。

⑨一つの史実に複数の説が存在する場合、一つの説が選択的に伝承されていく傾向にある。例えば、歴史的な出来事が後世において悲劇的な物語として描かれると、それ以降、その悲劇性が増幅される傾向にある。登場する人物も史実とは離れて脚色されていくことにもなりかねない。事実関係が確定しているか否かは定かではないが、冒頭に取り上げた「白虎隊」の例などはこれに当てはまるかもしれない。また、史跡などの観光地で、その古さがセールスポイントして謳われる場合に、複数説があると、そのうち最も古い時代が好まれて選択され、恰もこれが定説のように説明されるようになることもあるのは先に述べた通りである。

なお、本書で比定地の比較検討対象としているのは『深大寺城』と『神大寺城』のみである。これは、これまで史書に他の古城を挙げたものがないこと、現在多く出版されている著作にも登場していないということをお断りしておく。

文書による比較検討においては、まず、妥当と思われる結論を得た。結論から見えてきたのは、これまで定説とされてきた『深大寺城』説は、先に説明したように『神大寺』→【じんだいじ】→『深大寺』という置き換えによるもので、歴史的にもその根拠は不明のままである。これが許されるならば、意地悪なことを言えば、次のような置き換え、『深大寺』→【じんだいじ】→『神大寺』も不合理ではないことになる。ここでは、当然ながら、これを主張する訳ではない。

古城を『神大寺城』とする結論は古文書によって導いたけれども、他にこの結論を補強する方法はないのであろうか。過去の史実を証拠立てて確認する手段は限られている。文書によるか、同時代に残された遺跡の発掘による出土品から史実の証拠を得るくらいであろう。

古文書による場合、新たな文書の発見や、従来になかった新しい解釈の出現を待つことになる。もう一つの発掘出土品については、残念ながらこの「神大寺城説」を補強する手段とはならないのである。殊にこの『神大寺城』の築城から廃城に至る歴史は非常に短く、想定される存在地（横浜市神奈川区神大寺町）は既に都市開発のために往時を偲ばせるものは何も残されていない。歴史的に関連深い「雲松院」（横浜市港北区小机町にあり、『神大寺』を移転した寺院であるとされている）については、『新編武蔵風土記稿』に次のように記載されている。

小田原記ニ天文六年上杉朝定北条氏綱ヲ攻ントセシ時片倉神大寺ニ要害ヲトリ出城トセシコト見ユ今片倉ハ鄙村ナレハ正シクコノ地ノコトナルヘケレト其事蹟ノクハシキコトヲ傳ヘス村名ノ起リハ近村小机ノ城主笠原越前守信為此地ニ宇ヲ草創シテ神大寺ヲ建リ其二世ノ住僧天叟順孝代ニ至テ此寺ヲ小机村ニ移ス今ノ雲松院ナリ（以下略）

と記されている。雲松院を訪れたが、既に述べたようにこの寺院ではこれまで関連する記録は発見されていないとのことである。一方、ご住職によれば、現在寺院にある古文書は整理中であり、近々、順次公開するとのことであった（二〇一八年七月現在）。

こうして見ると、『神大寺城』について調査するためには、現時点では関連のある『小机城』に遡る以外にはないようである。『小机城』の沿革や詳細については不明であるが、大永四年（一五二四年）以降の歴史については少なからず明らかである。

ここで、公平に見る観点からも、取り上げてきた『深大寺城』と『神大寺城』についての一六世紀前半に至る状況を次頁の表にまとめた。

また『小机城』の歴史については一〇一頁に示してある。戦国時代には、必ずしも現代で想像するような城郭ではなく、出城、要害、砦、城館跡といった〝城〟が多く存在した。そのうちのいくつかの〝城跡〟が、現代では公園とし整備されたりしている。『神大寺城』は残念ながら史跡としても現存してないが、『深大寺城』跡や『小机城』址は今でも散策できる。堀、土塁、虎口、廓、建物跡など往時を偲ばせる光景を楽しむことができる（筆者はずいぶん前に小机城址の近くに住み、散策をしたこともある。当時は、単に史蹟であったが、近年は「小机城址祭り」などがあるそうである）。

しかしながら、発掘調査の出土品を見てみると意外に少ないことがわかる（『深大寺城』の出土品は調布市郷土博物館で、『小机城』址の出土品は横浜市にある「横浜市歴史博物館」で見ることができる。興味ある読者は、それぞれの発掘調査結果の報告書などが手に入るので訪ねられればと思う。筆者が出土品の展示を見た限り、主だったものは陶器の破片程度であり、そこから得られる情報は少ない。『深大寺城』跡には建物跡も発掘されている。他の中世の〝城跡〟からの出土品は見た経験はないが、そこから時代や新たな

「深大寺城」と「神大寺城」についての16世紀前半に至る状況

| 城区分 | 記述内容 | 年代 | 出典 |
|---|---|---|---|
| **深大寺城** | 寺門へ乱入セシニヨリ、堂塔以下悉ク灰燼トナリ、サバカリノ仏閣一時ニ廃亡セリ。遥ノ後世田谷吉良家当寺ノ衰廃ヲ嘆キ、ヤガテ再興アリテ、<br>天文六年七月十一日北条氏綱は武州深大寺の堂に楯籠りし上杉勢を追散し、大将上杉朝成を生捕て | 不明<br><br>天文六年（1537年） | 新編武蔵風土記稿<br><br>『鎌倉九代記』に曰くとして『遊歴雑記初編』（平凡社刊119ページに記されているが、未だ未確認であることを付記する（＊） |
| **神大寺城（砦）** | 鳥山之内神臺地雲松院分検地指出<br>村名の起りは、小机の城主、笠原信為、此地に神太寺を建つ、今の雲松院是也大永中、笠原信為　禅僧永岳ヲ請シテ神太寺村ニ草創ス。<br>（小机城）<br>大永四年七月（？）氏綱江戸ヨリ帰陣アリ其頃ヲ以テ小机城普請ヲ申付ラレ其後小田原へ入馬アリケル | 元亀三年（1572年）<br>不明<br><br>大永中（1521～1527年）<br><br>大永四年（1524年） | 神奈川県史<br>大日本地名辞書<br><br>東京市史稿<br><br>小田原編年録／小田原記 |

（＊）『鎌倉九代記』は『北条九代記』ともいう。この九代記は「北条時政」より「北条貞時」に至る物語風記録。延宝3年（1675年）初版発行。元弘年間までの記録であり、天文年間より約200年まであり、文書名の誤りか。

「小机城」の歴史年表

| 出来事 | 年代 | 城主/関連人物 | 支配者 | 備考 |
|---|---|---|---|---|
| 築城 | 正確な築城年は不明 | | | 永享の乱の頃、関東管領上杉氏によって築城とも |
| (永享の乱) | 1438 ~ 1439年 | 上杉氏(関東管領) | 上杉 | |
| 落城 | 1476年(文明八年) | 矢野兵庫之介 | | |
| (長尾景春の乱) | 1477年(文明九年) | 太田道灌 | | |
| 一時廃城 | 1478年(文明十年) | | 北条氏綱 | |
| | 1524年(大永四年七月) | 北条氏綱/笠原越前守信為 | 同上 | 「氏綱江戸ヨリ帰陣アリ其頃ヲ以テ小机城普請ヲ申付ラレ其後小田原へ入馬アリケル」(小田原記) |
| 神太寺草創 | 1521 ~ 1527年(大永年中) | 笠原信為 | 同上 | 「小机ノ城主、笠原信為、此地ニ神太寺ヲ建ツ、今ノ雲松院是也大永中、笠原信為禅僧永岳ヲ請シテ神太寺村ニ草創ス」(大日本地名辞書/東京市史稿) |
| 神太寺ノ原の合戦 | 天文年中 | | | 「天文年中北條氏上杉朝定ト神太寺ノ原ニテ合戦ノ頃火ノ為ニ寺中儘ク焼失シテ」(浄瀧寺の項) |
| 落城(小田原征伐) | 1590年(天正十八年)七月 | 豊臣秀吉/北条氏尚 | 豊臣秀吉 | |
| 廃城 | 同八月 | 徳川家康 | 徳川家康 | 家康江戸入府に伴う |

情報を遡って得ることは難しそうである）。

さて、横道に多少逸れたが、本章の主題である古文書からの古城の比定地候補の検討についてまとめてみよう。

まず、現代で定説とされている、「天文六年扇谷上杉朝定取立ての古城」は調布市『深大寺城』とされている。

ごく一部には、横浜市『神大寺城《かんだいじ》』とする意見・説もあったが、これに対する反論などの広がりはほとんど見せていない。

古文書には、『神大寺城』と記しているものと、『深大寺城』と記しているものがある。古文書間の引用関係に注意して整理すると、漢字表記で『神大寺』と表記した古文書の数が圧倒的に多い。『深大寺城』説は、『神大寺』→「じんだいじ」→『深大寺』という漢字表記の読みとして平仮名の当て字を行っている。

右の「読みに対する当て字」を了とする根拠は筆者が調べた範囲では見当たらない。即ち、根拠がない。いつ、この「読み換えに対する当て字」が始まったかも定かではないが、古文書の『神大寺』に「じんだいじ」と【ルビ】を振っている、後代に編纂された文書がある。但し、そこにおいても根拠は示されていない。現代においても「神大寺（深大寺）」といった表記も見られる。これは『神大寺』と書いているが、『深大寺』のことですよ、という意味である。

読み換える根拠は不明なので、これを素直に『神大寺《かんだいじ》』と考えれば、特に支障は生じない。

『神大寺城』に所在地を示す「片倉」と記載されているものもあり、この場合は「読み換え」だけでは説明がつかないことになる。

この表記問題の他に、文書にある関連する記述を見てみると、上杉朝定と北条氏綱との衝突の記述が数点見られる。これらは、既に述べたように、『神大寺』付近での戦いと『深大寺』における小競り合いである。これらの記述は「神大寺城」説を補強するもので、「深大寺城説」を想定させるものではない。神奈川を当然ながらよく知る、北条爲昌書状では、『神大寺』と明記されている。

他文書を引用しているはずが、記載は引用元の記載とは異なっている。一例、『新編武蔵風土記稿』の一部では、記載が「深大寺」であるが、引用元の『小田原記』及び『鎌倉九代後記』には「神太寺」とある。もちろん推測の域を出ないが、記事を著した人物の頭には「古城」が『深大寺』という先入観があったとも想像されるが、如何であったろうか。

以上を見てくると、定説『深大寺城』は見直されなければならないであろう。いや、むしろ『神大寺城』が「古城」として相応しいことが判明してきたと言っていいであろう。記述に誤記がある例として、『小田原編年録』の武蔵国橘樹郡の記述を取り上げておく。

片倉
神太寺砦　天永六年上杉朝定氏綱ヲ攻ントテ
當所ニ要害ヲ構ヘシ事小田原記ニ見ユ（以下略）

との記載である。ここは片倉であるから、現在の横浜市にあることは間違いない。『小田原記（北条記）』を引用し、「神太（大）寺」に上杉朝定が要害を築いたことを記載している。しかし、引用元ではこれを天文六年としているのに対して、天永年間（一一一〇年から一一一三年）となっている。実は〝天永六年は存在しない〟し、天永年間は平安時代である。ことほど引用（転写）とは左様なものであることも喚起しておく。ここでも改めて、一つの文書で判断することが極めて危険であることを指摘しておきたい。

本章での結論は、
◎定説『深大寺城』は見直さなければならないこと
併せて、
◎『神大寺城（砦）』が比定地の候補として俄然浮上してきた、ということ

読み替えについて議論したので、「深大寺」という寺名について一言。この名称は開創時に「深沙大王」（『西遊記』に登場する沙悟浄のモデルと言われている）という中国の水の神様を祀ったことにより、〝深〟と〝大〟の字を取って命名されたものであると言われている。経典を求めて、玄奘三蔵が天竺に向かう際に、流沙河で難儀し、これを救ったのが「深沙大王」ということである。

以上を考慮すると、史料が我々に語る物語は必ずしも史実を忠実に反映するものとは限らない。従って、歴史を見る時は史料のみならず、その他の観点からも併せてアプローチしていくことが重要であると痛感される。

筆者は、原稿の執筆を急がねばとも思いつつ、実は、神大寺があったと思われる場所（現在、その場所は不明とされ、地元で尋ねても、その存在すら聞いたことがない

という方々ばかりであった）を地元のガイドの方にお願いし、何と、大晦日に初めて現地にお邪魔をした。さすがにガイドの方はもちろん、神大寺については、存在地はともかく、あったということはよくご存じであった。色々と資料や地図を頂いて、丁寧にガイドして頂いた。時には、通りすがりの方に声をかけて、「神大寺はご存じですか」などと聞かれていたが、反応に芳しいものはなかった。

「深大寺城」説を取る論者の中には、「神大寺城」の存在を疑問視する向きも少なからず存在する。従って、本来であれば「深大寺城」説を主張される論者も、その検証の責を負うものであろうが、この世界はどうやらそうはいかないものらしい。

であるとすれば、筆者が、その「神大寺城」の存在について何らかの言及をしなければならないという、一番難しい検証作業を負わなければならないことにもなる。筆者は素人・俄か研究者でもあり、ただ、恐れを知らずにこれまで検討・比定作業を進めてきた。この神大寺もしくは神大寺城は、一部の史料によれば、一五世紀から一六世紀にかけて築城（近くの小机城の支城・出城として）されたと伝えられているが、中世の多くの古城と同様に一七世紀には戦略上の意義を失い、その存在に光が当てられることもなかったのである。従って、現存する証拠となるべき史料なども非常に少なく、比定を困難にもしている。また、伝承によれば、神大寺は北条氏家臣笠原氏により建立された後、ほどなく火災で焼失し、寺院は、雲松院（横浜市港北区）に移転したとも言い伝えられてはいるが、当時の文書などの確固とした証拠もまだ出現していない。さらに、神大寺が存在したと思われる地区は現代、住宅開発も進められ、表面からその存在を確認することはほぼ不可能であろう。このような状況で、拙著に関して残された課題の主たるものは、この神大寺・神大寺城の比定を行うことであった。

話は少し横道に逸れるが、筆者は昨年から、この関東戦国時代を明らかにすることを目標に調査や検討を行い、それらを著してきた。この稿を書いている時点から二週間ほど前に、他人の歴史だけではなく、ファミリー・ヒストリーにも挑んでみようと思った。幸い筆者の先祖については、「成立書」（徳川幕府が各藩に命じて家臣の成立書を提出させたもの）が残されている。それによると、筆者の先祖は尾州（尾張）の出身で、蜂須賀公に出仕し、阿波藩で仕えている。成立書には、その出仕が天正一五年（一五八七年）からスタートしている。出身は既に述べたように尾州であり、ファミリー・ヒストリーを著すに当たって、この尾州における、蜂須賀小六に関する調査を行おうと決めた。そこで、まず、手掛かりを求めようと思い、インターネットで調べてみた。その中に、次のような記述があった。『武功夜話一〇』によるものである。

「平成一一年、明治時代の地図（地籍図）に『城跡道』という文字が発見され、それを基に城跡の地割りを割り出し調べたところ、戦国の武将浅野長政、蜂須賀家政の誕生地であることがわかった。その後、国立歴史民俗博物館が調査をしたところ、川岸段丘（川によって階段状になった地形）を利用した中世の城跡であることがわかり、碑が建てられた。その地に約六五〇年前、宮後城が築かれ、安井屋敷といった。安井屋敷に蜂須賀小六正勝殿が住まわれていたのは天文（一五三二年）のころであった」

何やら啓示に打たれたような気がした。「そうか、まず古地図に当たってみよう」と思いついた。要は、現代の地図などで失われたかもしれない情報が古地図など過去の文物に残されている可能性も十分にあり得るのである。

この神大寺城を調査するに当たって、強力にサポートして頂いている地元ガイドの方より資料として古地図を見せて頂いた。これは横浜市神奈川区六角橋地区の地図で、一八〇四年から一八四四年頃作成されたものを地元の方が写し取られた地図であるが、これをまず眺めてみることにした。どうやら神大寺及び神大寺城の比定に結びつく情報が読み取れたのであった。あとは、想像力を駆使し、合理的に比定結果を説明できるよう進めることであった。古の地名（漢字）や地図記号は多くの情報を含んでいること。地勢的な情報から読み解ける立地条件などから比定が可能となった。後に述べるように、用いた条件は、

①寺社記号卍や鳥居記号⛩に名前の付いていないものは、廃寺もしくは廃社になったものであろう（ちなみに名称が付いているものは現代にも残っている寺社である）
②城（要害、砦）は、水利を考えた場所となる
③城跡の位置は地勢を考える必要がある
④（出）丸とは、本城から張り出した形に築かれた小城。やはり、②及び③の条件が必要であろう
⑤城跡と思われる場所近くに、城や戦を連想させる地名などがあるかなどである。

神大寺城を比定するに当たっては、当然ながら、次の設問に答えなくてはならない。

天文年間当時に、神大寺自身が存在したか？

神大寺が存在したとして、場所は何処に比定されるか？

神大寺城は何処にあったのか？

一番目については、まず、現在横浜市神奈川区に広大な面積を有する「神大寺町」が存在する訳であるから、過去において神大寺と称する、少なくとも痕跡があったと思われる。

これは、例えば、『新編武蔵風土記』には神大寺村の記述、そして江戸時代には神大寺という地名に使われるだけの、何らかの根拠があったことを意味する。またこれも同様に既に述べた、「武州片倉神大寺の云々……」という記述もある。既に取り上げているものであるが、『北条爲昌書状』に次のようにある。

北條爲昌書狀寫

從矢野方之一書具被披見候、仍神奈川代官夫事申届候處、（中略）從而河越衆神太寺へ陣を寄候由。此方へも申來候、（中略）恐〻謹言、

七月三日

三澤九郎

爲昌判

即ち、北条爲昌（氏綱の次男であり、玉縄城主〈神奈川県鎌倉市〉である。もともとこの時点では、「神太寺」近辺は（小机城主が氏綱三男の氏尭であり、神太寺は事の起こりが小机城の出城・支城として北条氏家臣の笠原氏によって築かれたとされている。なお既に述べたように、神太寺が焼失した後に、小机の雲松院に引っ越したと言われており、こ

の雲松院には笠原家の代々が弔われている）、まさに北条氏の勢力範囲にあった。しかし、このことに気付いた爲昌が知らせの書状を送ったものである。この書状の日付が、七月三日であり、これを知った北条氏綱は第六章に詳述するように、七月一一日に戦準備を整え、二隊に分かれて小田原を出向している（但し、先の爲昌書状には、年の記載がないが、事実関係を辿れば、天文六年と考えて問題ないであろうことを付記しておく）。

書状はまさに、俗に言う「一級史料」であり、地域の知識を持った爲昌の書状でもあり、戦国当時（この書状は先に述べた通り、天文六年、すなわち一五三七年のものである）に神太寺が存在していたという事実を紛れもなく表している。この点からも、神太寺（時代によっても【かんだいじ】を表現する漢字は、幾通りかある。詳細は別記）は神奈川にあったことが示される。さらに、その存在を否定する材料の存在はこれまで提起されていない。

以上で、①で提起した設問の答えは終了する。

さて、②については、①のように直接的な証明方法はないが、古地図を参照しながら推理していく。

古地図（六角橋村）を見ると、「神大寺」の表記が見える。また、周辺には、「根岸」

「六角橋」「斉藤分」「篠原」などの郷（地区）の表記がある。ここでは、神太寺は、ほぼ間違いなく、この「神大寺」と表記された郷（地区）にあると考えて特に問題はないものと仮定する。

ここで、この地図全体を眺めた時に、寺社記号は多くあるが、その中で、先に述べたように寺院や神社の名称が付記されていないものが数個見受けられる。これらは、現代の地図にはもはやその記載すらないものである。自然な考え方として、この名称を伴わない寺社は、この地図が作成された時点では寺社としての機能は失い、すなわち廃寺や廃社になったものと考えれば納得される。従って、これらの記号が示す意味は、かつてここに寺院または寺社があったという痕跡を残したのであろうと推測される。

右記の考えに従うと、まさに地区名を表す「神大寺」の【神】の字の近くの記号の場所こそ、「神太寺」のあったところと言えるのではないだろうか。ちなみに、これを現代の地図の表記と比較すると、神大寺バス停や横浜神大寺局の位置と重なり、歴史的にもこれらの位置が、現代の表記でありながらも歴史的にまさに「神太寺」であったことが矛盾なく説明されるのである。もう一点、神大寺の比定位置からやや左上方の脇道沿いに、「地蔵堂」の表記が見える。これはまさに現在地元で信仰されている「塩嘗地蔵」であろう。地元でも「小さな地蔵堂があって、四体ほどの石地蔵が安置されていいます」と神奈川区のホームページに記載されており、実情とも一致する。また、現代の地図と見比べても位置が一致すると考えてよい。地元では、神大寺の門前近くにこの塩嘗地蔵があったという説もあるが、この話とも大きく矛盾しない。

さらには、江戸時代にこの地図上、神大寺と比定した記号の場所以外にこれと同じような、廃寺と思われる箇所も存在しない。これらのことから、「神太寺」の比定地はほぼ右に記した場所と断定される。実は、この神大寺の近隣は、『新編武蔵風土記稿』にも、「小田原記ニ天文六年上杉朝定北条氏綱ヲ攻メントセシ時片倉神大寺ニ要害ヲトリ出城トセシコト見ユ今片倉ハ鄙村ナレハ……」との記述がある。要は【鄙村】であり、人々の去った土地であるから詳細は伝わっていないということのようである。そのような人気の少ない場所に、昔とは言え他にも寺院があったということはないと思われ、既に廃寺跡に比定した場所と考えて間違いないと思われる。

もう一つ、実は、『神大寺三〇話』（昭和五八年発行・南神大寺小学校五周年記念誌）の五六頁に、

「この付近は御鷹場といって、鷹狩に使う鷹をとる場所として、八代将軍徳川吉宗によって享保元年から定められていたのです」

という記述がある。吉宗（江戸幕府八代征夷大将軍。在位、享保元年〈一七一六年〉八

月一三日～延享二年〈一七四五年〉九月二五日）であるから、一七〇〇年前半から天領（幕府直轄地）であった訳で、そこに徳川氏以外が寺院を造ったとは考えられない。なお、同誌の五三頁には、一七世紀には御鷹場であったとも記載されている。これは、『近世前期における幕府鷹場の存在形態とその支配構造』（根崎光男氏・法政大学Repository）においても、徳川氏の関東地方の鷹場は、関東領国時代から設定され開幕後継承されたものと指摘されている。このことからも、笠原氏が神大寺を造営し、焼けて引っ越した後は、廃寺としての記憶が古地図に残されていたものであり、それとは異なる寺院が造営されたことはないと言える。なお、その後の調査で、昭和四年四月測圖（同一一年一月製版）地図の中にも同一場所に寺名の記載のない寺院記号があることが判明し、複数の証拠が存在していることがわかる（残念ながら本書執筆時点で、この古地図の掲載許可がないため、読者には確認して頂けない。なお、横浜開港資料館には該当家文書の一つとして古地図が登録されている。これは同地域の昭和初期の古地図で確認できる）。

水の存在も重要であっただろう。何故ならば、現代のように水道システムがなかった訳である。

そこで、一一六～一一七頁の古地図を参照すると、神大寺及び隣接地区には相当数の溜井や池と称する貯水池（多分雨水を貯めた）が見られる。このことは、この地区の水利はそれほど良い訳ではなかったことが容易に推測される。すなわち神大寺地区は高台でもあり、多数の人間が一定期間生活を送るとすれば、先の貯水池を利用する必要があったに違いない。

況や、戦に備えた砦や要害とするためには、この水利が備わらなければ、一定期間の戦に持ちこたえられない。当時の土木技術レベルを考えれば、「貯水池の近くに陣地を構える」ということになるであろう。とすれば、砦（要害も含め）の本丸や出丸はこの水利が必要不可欠であるから、神大寺の郷（地区）内での比定を容易にする。

やはり、先程の『神大寺三〇話』にもこの一帯が水不足に悩んでいたことが、「雨水にたよる田畑の仕事」として、また『新編武蔵風土記稿』にも、これに類する記述がある。

◎神太寺村「當村ハ平地ナシトテ少ク高低アリ天水場ニシテ常ニ旱損ノ患アリ……」

と記述されていることからも、水事情の悪さ、溜井の必要性が理解される。

次に、もし神大寺近くに神大寺城（要害とも）があったとすれば、当然、少なからぬ人数がいたことでもあり、当然、水利を考える必要があった。神大寺の比定地から真南を進むと、そこにまさに「溜井」が存在し、水利が得られるのである。地勢的にも谷間を挟む地域で、要害としても不向きではなかったであろうと推測される。寺に比較しても広がりは大きいであろうから、この近辺ということで比定すれば十分であろう。なお、この比定

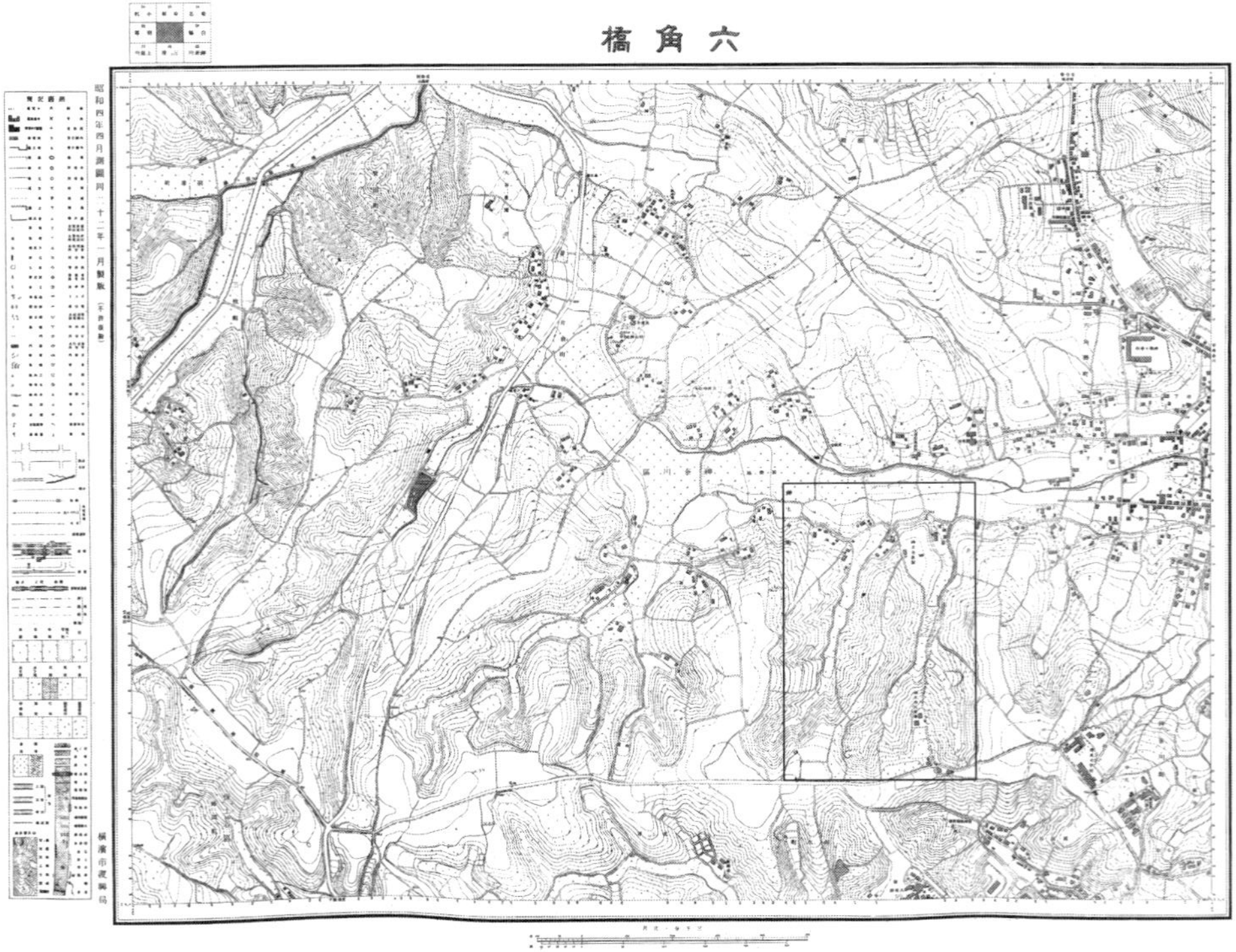


第21号 六角橋（横浜市地図／昭和4年測量・昭和11年発行）横浜開港資料館所蔵

※下に寺記号あり

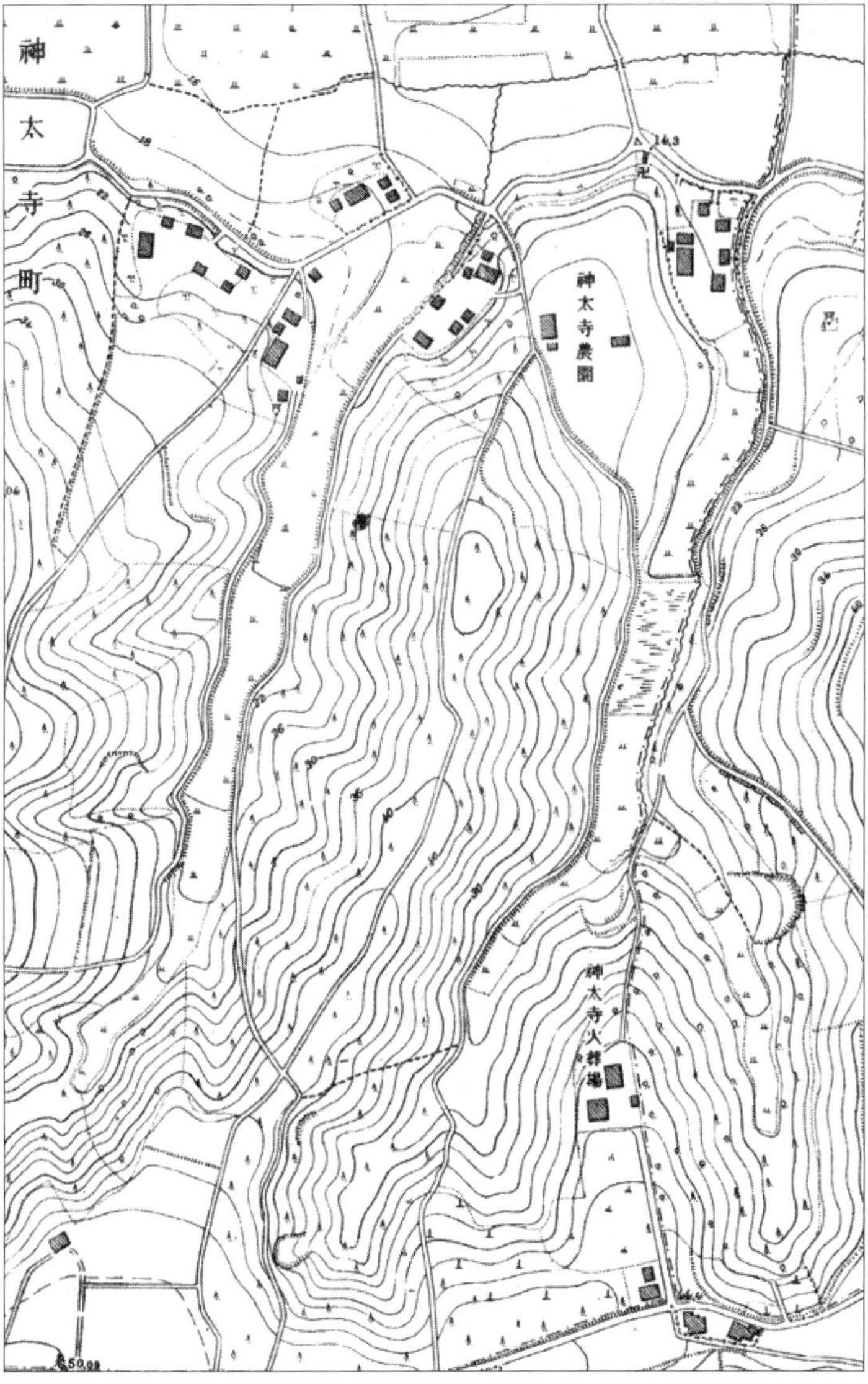


右の枠内（神大寺周辺）を拡大

場所は古来「赤田谷」と呼ばれ、また『新編武蔵風土記稿』には、この溜井の大きさの記述もある。「長五十七間横四十間ナリ（一〇四×七三メートル）」としている。この付近は両側より斜面が下って谷となり、まさに桶狭間的地勢である。

さて、もう少し、古地図を読み解いてみる。

現代の地図上でも、「中丸」とか「大丸（地元では【だいまる】と読む）」とか、少し城の存在を感じさせる地名が残されている。この古地図で検討できる範囲に限定すれば、古地図上に付記した中丸の場所が丁度、水利のある場所ともなっている。さらに関連は不明であるが、右上方には、「陣田」との地名も見える。若干戻れば、「丸」とは「出丸」（大坂冬の陣にあった真田丸の如く）であり、一般には「本城から張り出して設けられた曲輪。出曲輪」とも言われている。ここの中丸も神大寺近くの神大寺城からは若干距離のある位置でもある。

（なお、神大寺には「龍」の言い伝えが開基の際に残されているが、この中丸の近くの溜井に隣接して「善龍寺」という寺があるが、関連は不明である。ご住職に尋ねるも当時の記録は多くの場合と同じように火災で焼失したとのことであった。その際、副住職が「何故か、この寺には徳川家の御紋があります」と話されていたが、これは、徳川家の御

鷹場であったことを考えれば理解できそうである）

この中丸の地勢を見ると右、すなわち、東方の街道の丁度合流点を睨む場所でもあり、守りなどの要衝であったと言えるかもしれない。

また、既に述べているように、近隣の北条氏と上杉氏が戦った古城の近くには、必ずと言っていいほどこの「中丸」「大丸」が見られる。

以上、かなり想像を逞しくして神大寺城の場所の比定を行った。確かに想像は逞しくはあったが、比較的合理的に説明が為されたと思われる。比定地と矛盾するものはこの時点では何ら見当たらない。

その意味で、「神奈川区いまむかしガイドの会」後藤輝夫氏から、この比定地は「まさに従来から言われてきた（太田）道灌森と一致する」とのご指摘であった。かつて道灌が小机城攻撃の際に陣を置き、水を使ったと言われる、この地である。

筆者も、以上を総合すると、この比定地は相当の確信を持てるものである。

一方、情報量がやはり限られている事実もあり、現時点で一つの説として位置づけられれば良いと考えて、今後のさらなる検討や調査に期待したい。なお、参考として次頁に該当地区の現代の地図を掲載しておく（例えば、現代の地図に「神大寺入口」という地名表記もあるが、これも東西に走る尾根伝いの道が主要であったろうから、この道からの入り

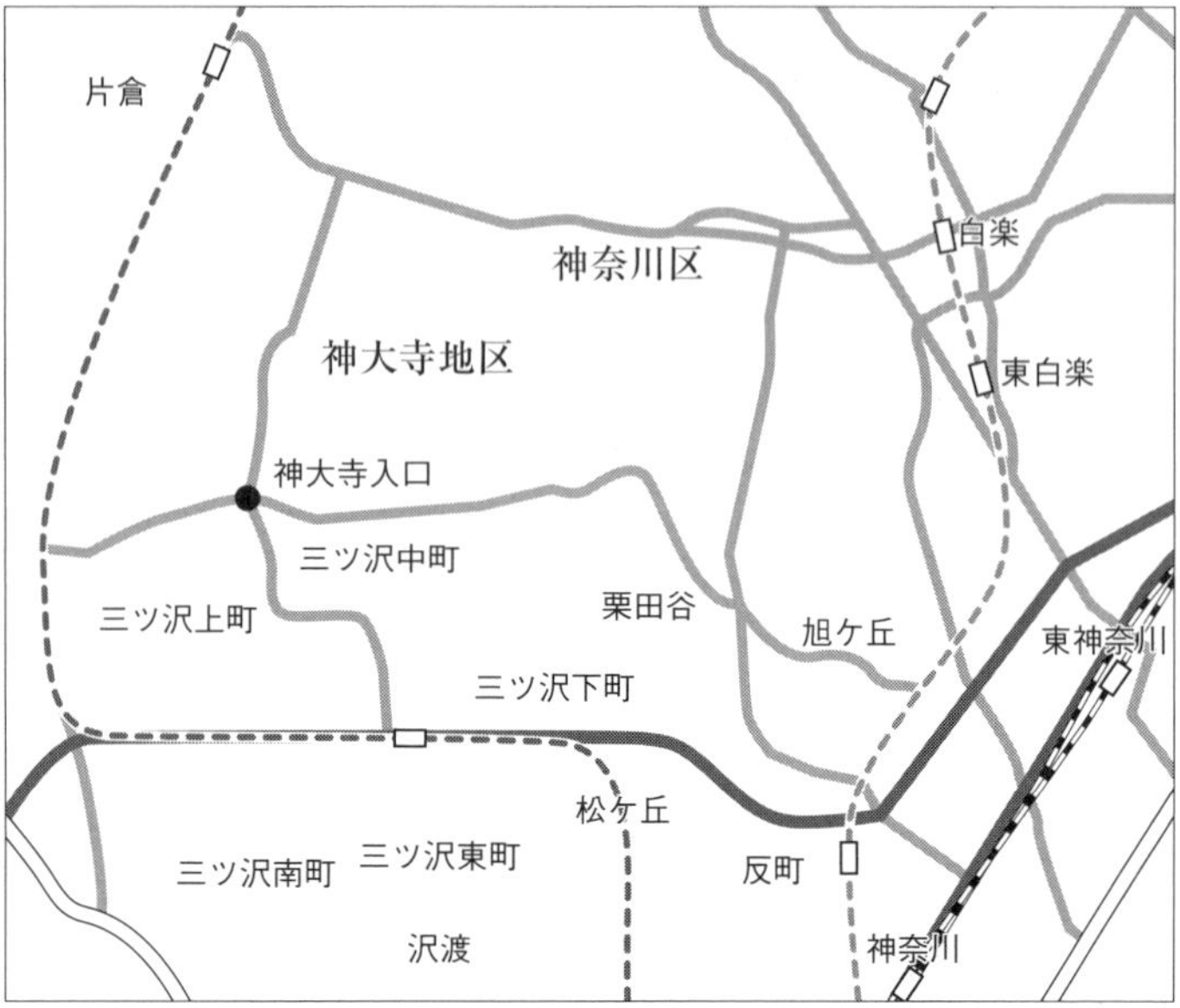


口としての解釈が容易である)。

この比定作業は、思わぬところからスタートした訳であるが、最終的に本書の目的とする、上杉氏の「古城の取立て場所」として極めて重要であるとの認識で、少し、紙数を割いて説明を加えた次第であることをご了解頂きたい。

もう一点、大丸をこの地区では【だいまる】と読む件である。まさに執筆の最終段階でこの謎も解かれたことをここで予告させて頂く。詳しい説明は後ほど述べさせて頂く。

■第５章

# 古城の歴史背景と戦略的観点からの考察

本書の主要テーマの一つである、天文六年頃の「深大寺城」及び「神大寺城」を取り巻くそれぞれの状況について少し眺めてみる。

まず、「深大寺城」から話を進める。

既に一部述べたように、深大寺は関東有数の古刹であり、国宝の白鳳仏（釈迦如来倚《い》像《ぞう》）でも知られている。七世紀後半の白鳳期（六四五年〜七一〇年）制作とされている。即ち、寺院の草創より以前であり、どのようにしてこの寺院に来たかは謎である。

この寺院は、同じく伝承によれば、六二八年創建の浅草・浅草寺に次いで東京で二番目に古い寺院と言われている（これに関して、筆者は別著『深大寺12のミステリ』〈二〇一八年九月に著す。横浜市立図書館にて公開中〉の中で若干の調査結果を報告している）。歴史も今から一二五〇年ほど遡る。真偽は別として、寺院や城跡についての伝承も残されている。

このうち、「深大寺城」については、

①狛氏（狛江氏）が築城した（近くに、多摩川沿いに狛氏が存在したこともあろう）

②清和天皇の御宇、武蔵国司の居館跡（国司は蔵宗卿と言われている〈『江戸名所図会　巻三』〉が、原典は『深大寺』に伝わる、一六五〇年頃に作られた『深大寺真名縁起』による。

国宝 白鳳仏（銅造釈迦如来倚像）深大寺所蔵

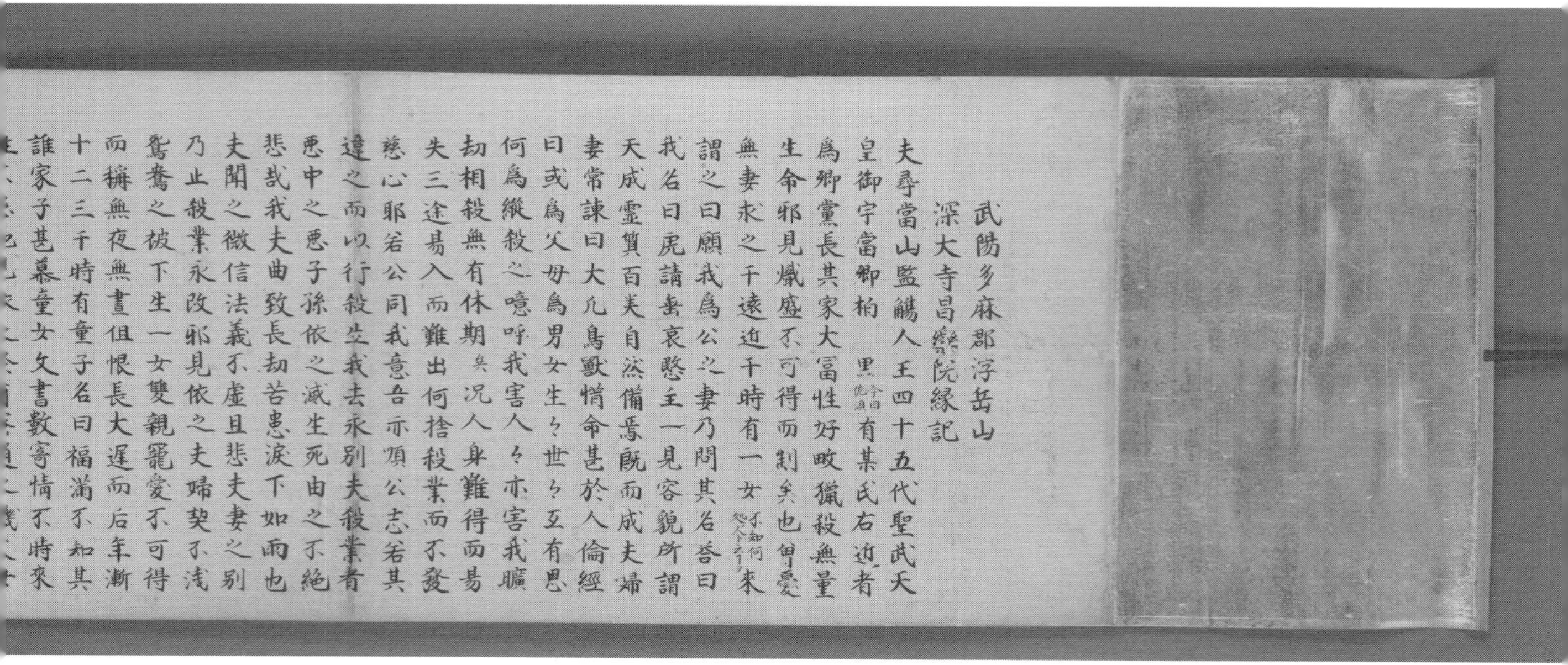
武陽多麻郡浮岳山
深大寺昌樂院縁記
夫尋當山濫觴人王四十五代聖武天
皇御宇當鄉柏 有某氏右近者
爲鄉黨長其家大冨性好畋獵殺無量
生命邪見熾盛不可得而制矣也曾憂
無妻求之于遠近于時有一女 來
謂之曰願我爲公之妻乃問其名答曰
我名曰虎請垂哀愍主一見容貌所謂
天成霊質百美自然備焉既而成夫婦
妻常諫曰大凡鳥獸惜命甚於人倫經
曰或爲父母爲男女生々世々互有恩
何爲縱殺之噫呼我害人々亦害我曠
劫相殺無有休期矣況人身難得而易
失三途易入而難出何捨殺業而不發
慈心耶若公同我意吾亦須公志若其
違之而以行殺吾去永別夫殺業者
悪中之悪子孫依之滅生死由之不絶
悲哉我夫曲致長劫苦患涙下如雨也
夫聞之微信法義不虚且悲夫妻之別
乃止殺業永改邪見依之夫婦契不浅
鴛鴦之彼下生一女雙親寵愛不可得
而稱無夜無晝但恨長大遅而后年漸
十二三于時有童子名曰福満不知其
誰家子甚慕童女文書數寄情不時來

『真名縁起』深大寺所蔵

なお「真名」とは「仮名」に対する言葉で、要は漢字で書いたという意味）
③扇谷上杉家家臣難波田弾正城館跡とも称されている。しかし、この伝承はいささか検討が必要である。深大寺は鎌倉時代、戦火に焼かれ、世田谷吉良氏によって再興されたことが示されている（『東京市史稿』徳川氏入国以前）
比較的記述は短いので、以下に掲載する（『新編武蔵風土記稿』）。

又傳フ、コノ後當寺エアヅカリシ児童ノコニヨリテ、ソノ父鎌倉将軍ノ家人タリシガ、寺門へ亂入シテ放火セシニヨリ、塔堂以下悉ク灰燼トナリ、サバカリノ佛閣一時ニ廢亡セリ。遥ノ後世田ケ谷吉良家當寺ノ哀廢ヲ嘆キ、ヤガテ再興アリテ

（筆者註：もちろん「當寺」とは深大寺のことである）

吉良氏は後北条氏の関東進出に伴い、その後北条氏の保護下、即ち家臣となっている（吉良頼貞は、大永四年〈一五二四年〉正月に相模国の北条氏綱が上杉朝興の江戸城を攻略すると、後北条氏に従った。北条氏綱の娘を正室に迎えており姻戚関係にもあった）。従って、天文六年（一五三七年）から遡ること一三年前には遅くとも北条氏の勢力下にあったと考えられ、「扇谷上杉朝興」の家臣「難波田弾正」の居館であったというのは困

難であると思われる。いくつかの史書では、「天文六年四月父朝興の逝去に伴い、子息朝定が難波田弾正に命じて、古城、『深大寺城』を再興させた」とする説もある。これについては後で触れる。

結局、これといった決め手となるものはない。

また、室町時代に書かれた、僧・長辨（深大寺住職となった）筆による『私案抄』（寄付を募るための勧進状を近隣の寺院などからの依頼で書いたもので、これらを集めた）には何も触れられていない。ちなみに『私案抄』は写本のみで原本は存在しない（下の写真は『続群書類従』より）。

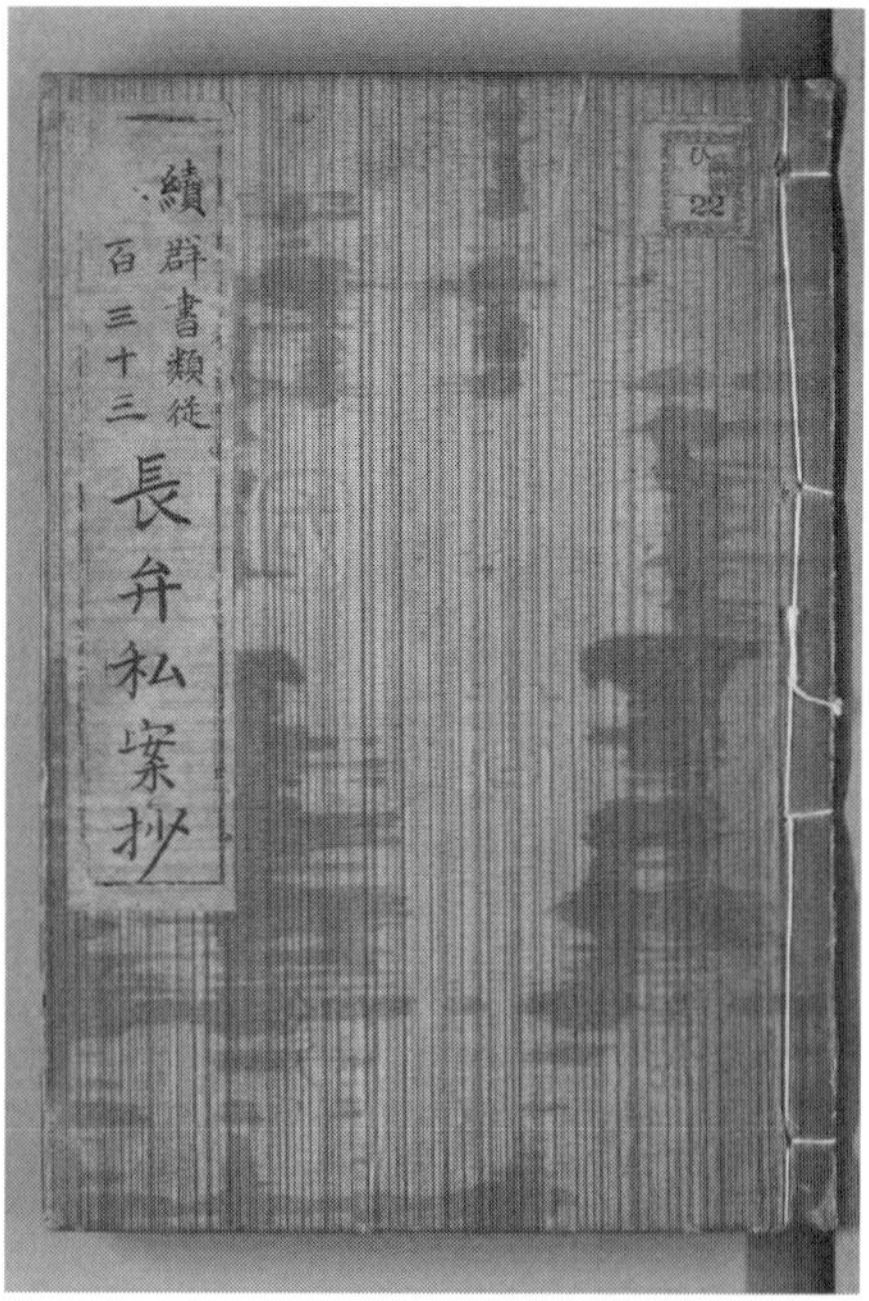

『私案抄』（『続群書類従』国立国会図書館デジタルコレクション）

①と②はほとんど確かめようもない伝承であるが、②に言われている「国司蔵宗」は歴史上の人物としての記録としては確認されていない（参考までにその該当時期前後の歴代武蔵国司を巻末に掲載した）。武蔵国は広大な地域（東京・埼玉・神奈川東部）を占めており、当時の朝廷の直轄地で、歴代国司が誰であったかは記録にも残されているのである。従って、この説は、信ぴょう性は低いと言わざるを得ない。併せて、この〝国司蔵宗〟は同縁起によれば、反乱を起こし、比叡山の高僧により調伏されたと記されているが、この〝蔵宗の乱〟に関する歴史的記録もない。

（余談だが、この乱を鎮めたことにより、深大寺は法相宗から天台宗に宗旨替えとなったとされている）

③については、『新編武蔵風土記稿 巻三』に、「天文の頃、上杉朝定の家臣難波田弾正忠廣宗、松山の城の出張としてここに城郭を構へたりしとなり」とある。しかしこの説は、やはり矛盾がある。

上杉朝定が家督を相続したのが、父朝興が河越城において死去した天文六年四月であり、七月の北条氏綱との合戦に至る数か月で古城を取立てた訳で、この時、家臣難波田弾正忠廣宗（この他にも「難波田弾正入道善銀」などと別名称あり）の城主であったとすれば、この後、三木の合戦で松山城主として登場することからこの説も取り難い。

ということで、先の『深大寺城』についての伝承が示唆するものは何もなさそうである。

さらに、深大寺の寺伝・縁起などは、一六四六年の寺火災により失われたと伝えられている。現在、寺院に残されている『真名縁起』は、慶安三年（一六五〇年）に伝承や口伝の聞き取りにより創られたとされている。これより古い記録は、前述した五二世住職であった長辨が著した『私案抄』という勧進状などを集めた文集のような記録の写しが現存しているのみである。しかし、この長辨は、一四世紀から一五世紀に活躍した高僧であり、天文年間、即ち、一六世紀の証言とはならない。これらから『深大寺城』についての歴史を述べるのは難しい。但し、この『私案抄』には、北条氏の庇護のもとにあった世田谷吉良氏の依頼による逆修の文章や、深大寺の創建時期、梵鐘などについての記事も見られる。


深大寺城蹟の二郭跡の写真を掲載する。この郭には建物跡があったようである。

（今は、静かな佇まいである。これは、この城跡が神代植物公園、水生植物公園内にあり、入り口には城跡を表す表示もないせいかもしれない。また、現在は国指定史跡であるが、当地に建つ碑には都指定史跡とある。千年後には発掘され、議論を呼ぶかもしれないが……）

史蹟石碑（現在は国指定史跡）

空堀と土塁（右角には建物跡の目印石）

次頁に深大寺城跡（地元では「城山」と呼ばれる）の絵図（『武蔵名勝図会』）を掲載した。同図右下に「城跡」として描かれている。江戸時代の深大寺の風景が偲ばれる。余談だが、同絵図によれば、寺院左方には鳥居も見られ、神仏習合であったこともわかる（「深沙大王」というのは本来、仏教の守護神であり、これをお祀りしている）。この鳥居は、明治の神仏分離令により撤去され、現在も復元はされていない。木造の鳥居の両柱の間は、二・七メートルほどであったとのことである。

ご存じの読者も多いと思うが、東京では、深大寺蕎麦が有名で、現在ではおよそ二〇軒ほどの蕎麦屋が深大寺門前近辺で営業をしている。休日などは参拝客で賑わっている。この深大寺蕎麦は江戸時代、上野寛永寺に献上していたものが寛永寺において大名などに振る舞われ、口伝えで有名になったもので、絵図を見ると門前に数軒の茶屋らしき絵が描かれている（ガイドとして悩ましいのは、何処の蕎麦屋が一番美味いかと問われること）。なお、深大寺は上野東叡山寛永寺の末寺であることから蕎麦を献上していた。一三二頁に江戸時代の深大寺蕎麦の風景を『江戸名所図会』で見る。余談だが、深大寺山門への階段横に、「天台宗別格本山浮岳山深大寺」とある。一方、寛永寺は「天台宗別格大本山東叡山寛永寺」なのである。違いはわかって頂けただろうか。

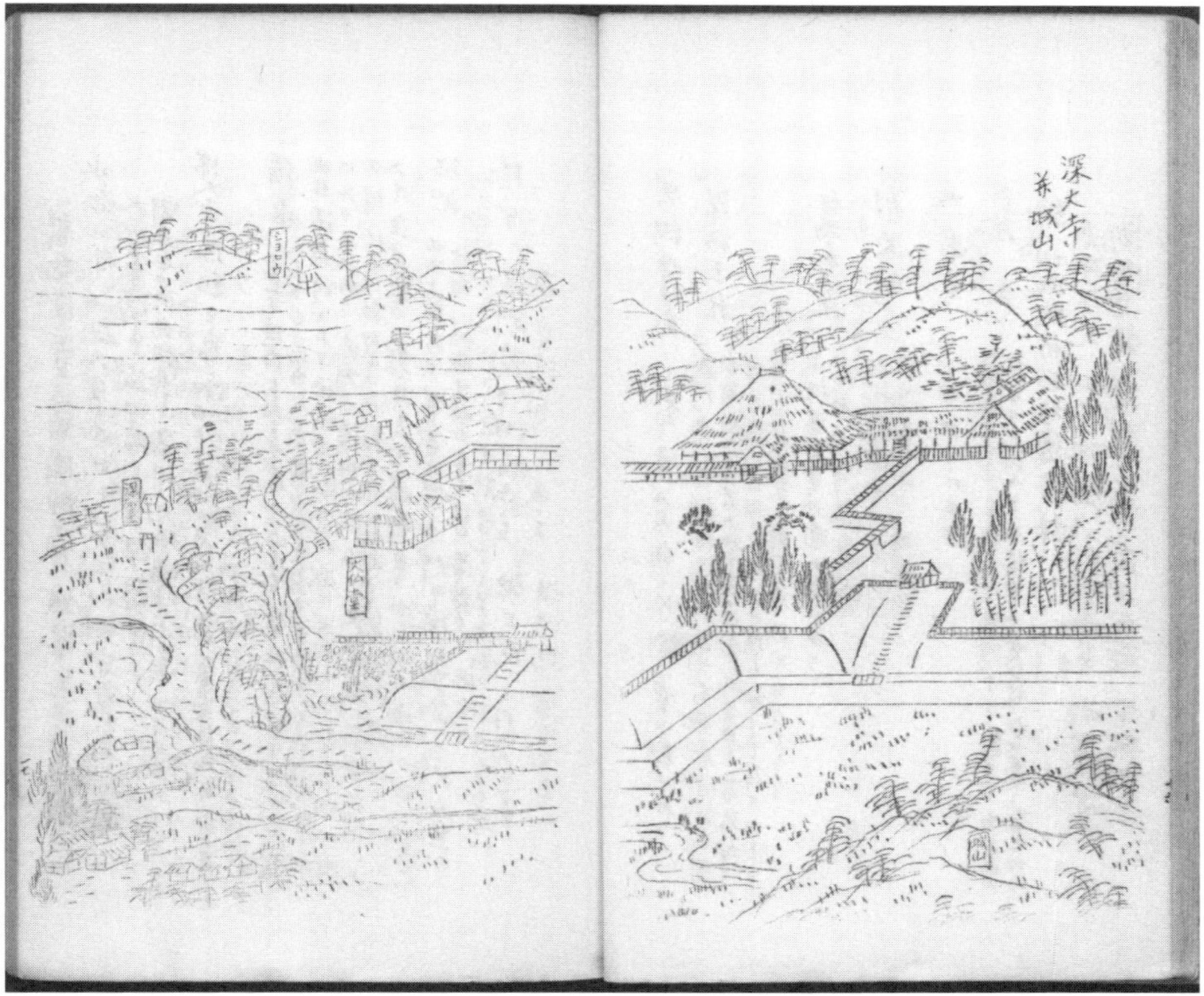


『武蔵名勝図会 巻第四』（国立国会図書館デジタルコレクション）

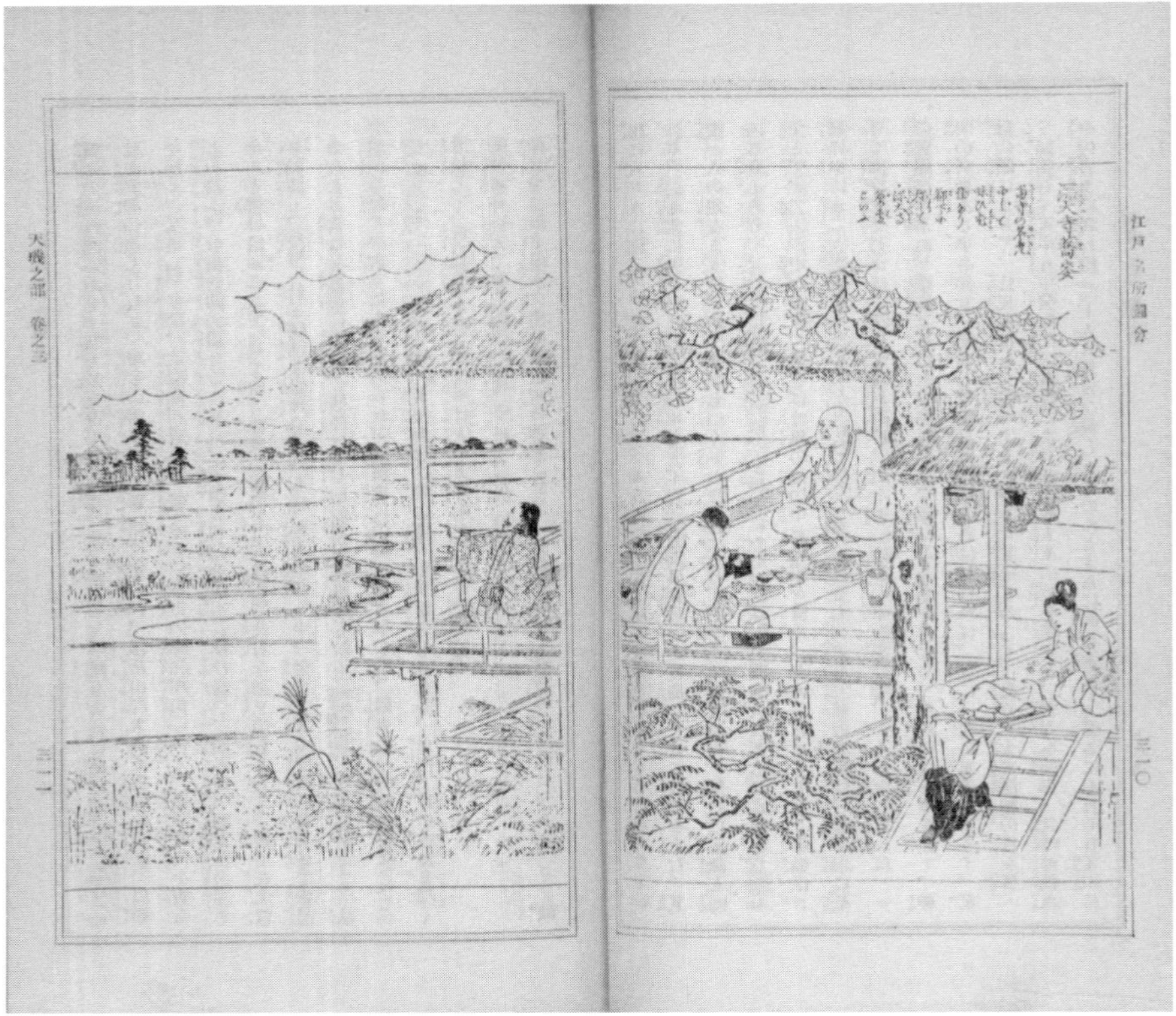

深大寺蕎麦（『江戸名所図会』国立国会図書館デジタルコレクション）

北条家の支配から徳川家康の治世になっても、深大寺は安堵の朱印状と五〇石を与えられていた。この朱印状も現存する。次頁を見てほしい。

また、言い伝えとして、この『深大寺城』は、天文年間以外にも、

①新田義貞の鎌倉攻め

②豊臣秀吉の小田原征伐

などの際に登場している。これらは、一部、地元に残された古文書に記されているといわれる。

鎌倉北条方と新田方大将篠塚伊賀守が戦ったということである。

②は、地元調布市にある古社・布多天《ふだてん》神社に、豊臣秀吉名の制札が社宝として残されている。写真を一三五頁に掲載した（調布市布多天神社の御厚意による）。若干、板面が黒い部分もあり読みづらいのはご容赦頂きたい。

この制札は天正一八年（一五九〇年）四月付けであり、豊臣勢は小田原城陥落の四か月前にはこの地に進攻していた。豊臣秀吉の軍勢は「八王子城」を攻撃した。「八王子城」には小田原北条三代氏康の次男「氏照」の留守部隊が守りを固めていたが、豊臣勢のうち、前田利家、上杉景勝、毛利秀頼らは『深大寺城』を攻めた。城外に出て、人見山で最後の

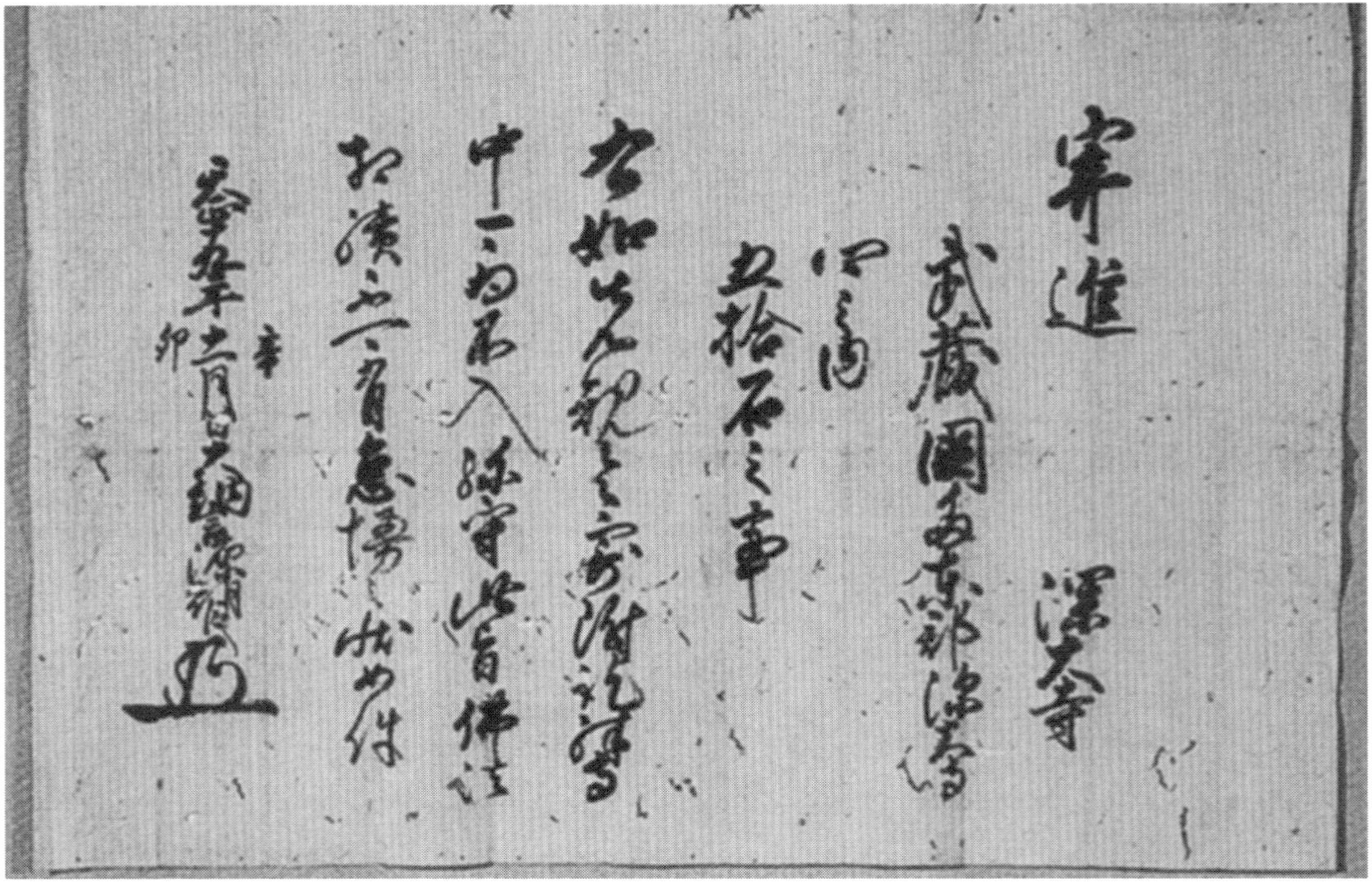

徳川家康朱印状　深大寺所蔵

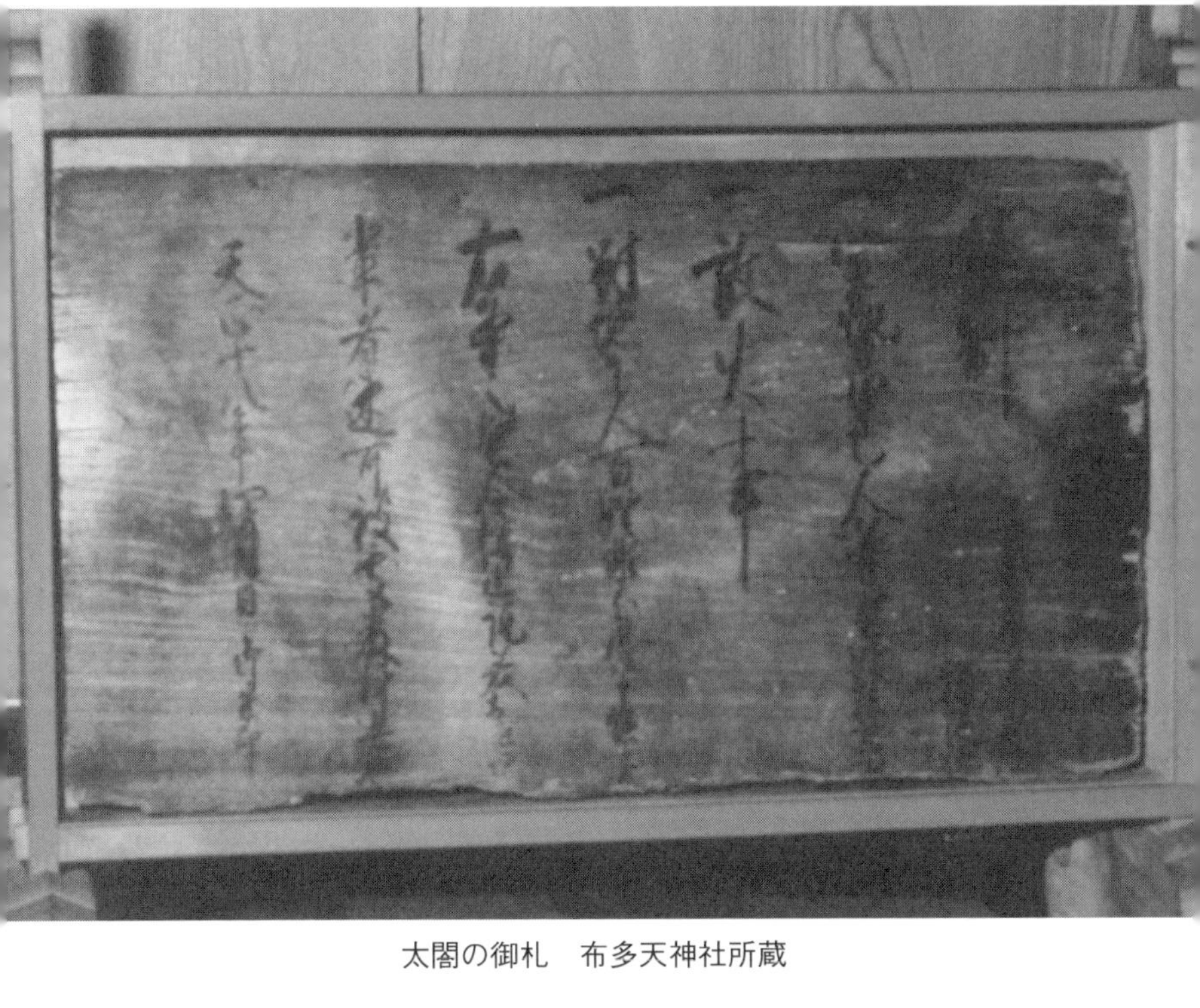

太閤の御札　布多天神社所蔵

決戦を試みたが敗れた（『調布市の歴史』）。

以上は、必ずしも『深大寺』と直に結びつくものではない。本章では深大寺の歴史について述べたのでこれ以上詳しく述べないが、後章において、結びつきがもう少しはっきりと示されている史料について述べる。

一方、『神大寺城』はどうであろう。神大寺城は、『新編武蔵風土記稿』によれば、「小机城」の片倉・神大寺出城があったと伝えられている。この〝城〟を語るには「小机城」の歴史を紐解かなければならない。これは既にお話ししたように、『神大寺城』を直接物語るものが残されていないからである。少し遠回りとはなるが、「小机城」経由で調べていくこととする。

「小机城」は、鎌倉から戦国時代にかけ重要な役割を果たしている。一説によれば、一八万石の石高に相当する支配地域を有する城であったともいう。この城は、何人により築かれたか定かではないが、小机郷の名は鎌倉時代より見え、古くは属村が一〇八村もあったという。『吾妻鏡』の暦仁二年（一二三九年）の条に武蔵国鳥山（小机の隣接地）などの荒地を水田に開発すべきことを北条氏綱が由太夫尉泰綱に命じた記載がある（『神奈川県大観四湘東・湘中』石野瑛著・昭和三一年)。室町時代における「永享の乱」(一四三八年)頃に築かれたと言われているが、定かではない。なお、永享の乱については、後に簡単な説明があるのでご参照願いたい。

歴史的に明確に記録として残っているのは、まず、文明一〇年(一四七八年)の長尾景春の乱の際においてである。同年正月の記載のある「太田道灌状」及び古河公方が宛てた「小山文書」に見る「足利成氏書状」である。

「小机城」は、この時、よく知られている扇谷上杉家の家宰「太田道灌」が攻めあぐねた堅城としても知られる。小机城は背面を鶴見川に守られ、前面は、当時、湿地でもあったとのことである。この時、道灌は、上杉家宰であった長尾景春の反乱で味方した、小机城に立て籠もる豊島氏を攻撃していた。

道灌は「小机はまず手習いの初めにて、いろはにほへと散りぢりとなる」との有名な言葉を残している(味方の士気を鼓舞したという)。

その後、大永四年(一五二四年)七月、北条氏綱が江戸より帰陣の際に小机城普請を由太夫尉泰綱に申し付けた(『新編武蔵風土記稿』小机の項)。戦国時代には後北条氏の南武蔵(多摩川以南)の拠点として北条宗家の子息らが城主となっていた。「小机城跡」の様子を次頁に示す。その後、明治期に「小机」から「城郷《しろさと》」に村名を変更した。このような

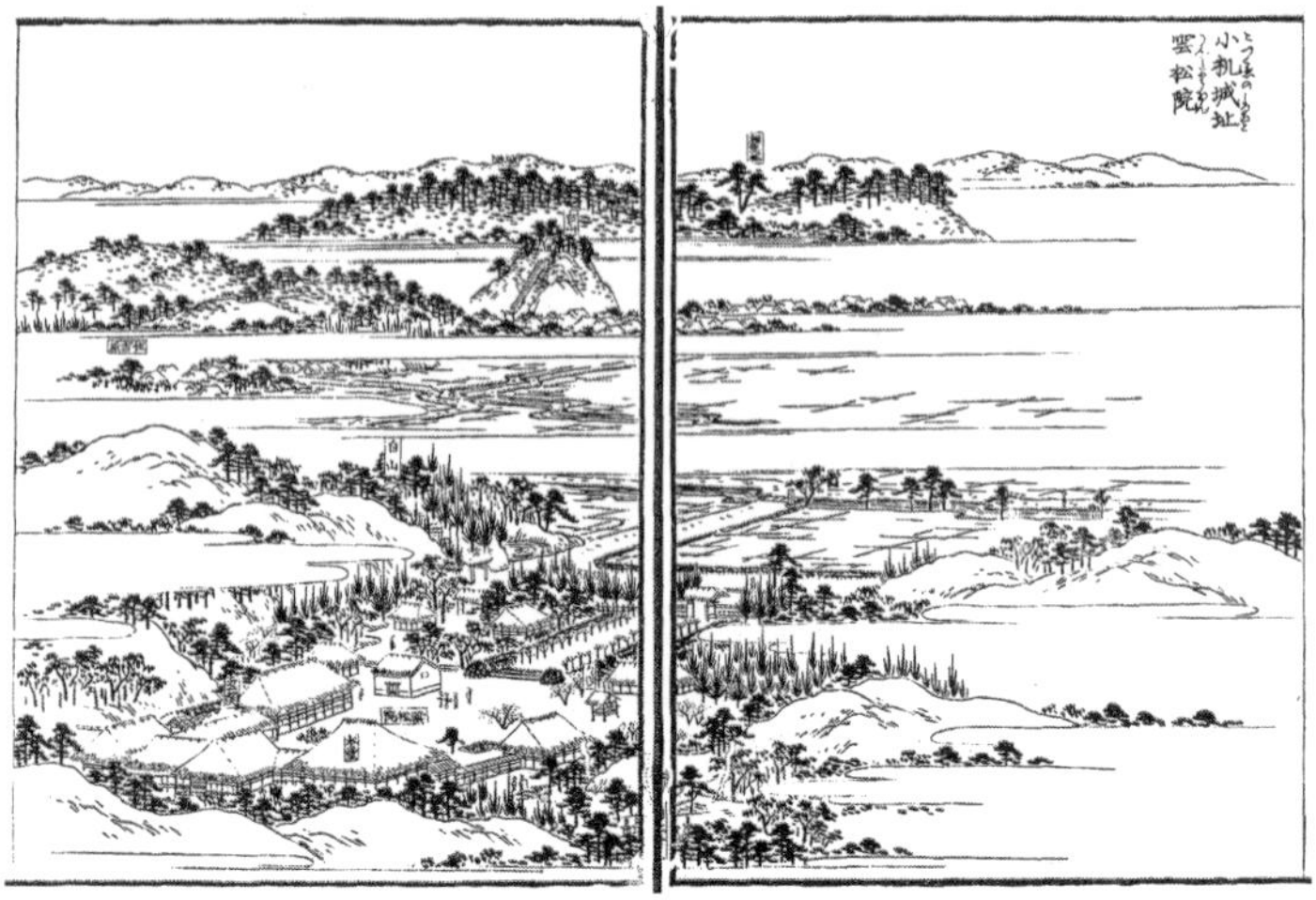


小机城趾（『江戸名所図会』国立国会図書館デジタルコレクション）

小机城（『武蔵名所図』国立国会図書館デジタルコレクション）

時代の流れの中で、大永中（一五二一年〜一五二八年）に、小机の城主・笠原信為がこの地に「神大寺」を創建した。それからの、『神大寺城』の築造に至る具体的な記述は今のところ残念ながら、どの文書にも見当たらない。

文明八年（一四七六年）、太田道灌が小机城攻めの際に「神大寺」村に軍を率いて休んだとされ、その場所は「道灌森」と伝えられている。この道灌森と神大寺城比定地の関連については既に述べた。戦において陣を敷いた訳で、防御の観点からも、地形的にも要害としての意味はあったのであろう。いずれにせよ推測の域を出ない。また、現在の『神大寺』地区には、一部、「中丸」や「大丸」など、城を想像させる地名も残されてはいるが『深代寺城』と同じく、中世以降、時代の進展とともにその使命を終え、廃城となった。『神大寺城』は、「小机城」の出城としての位置づけでもあったが、「小机城」自体の戦略的重要性は「北条氏綱」の時代であったから、豊臣秀吉による小田原征伐以降はその使命を終えた。『神大寺城』もともに廃城の運命にあったのだろう。

こうしてみると、二つの〝城〟は、鎌倉時代〜室町時代〜戦国時代にかけて築かれ、廃城に至る歴史を歩んでいることがわかる。廃城となっておよそ四〇〇年以上経過をしている訳で、「兵《つわもの》どもが夢の跡」で物理的に残された史料や史跡は非常に少ない。

歴史的には以上のように非常に短期でその存在価値をなくした両城であるが、この期間、

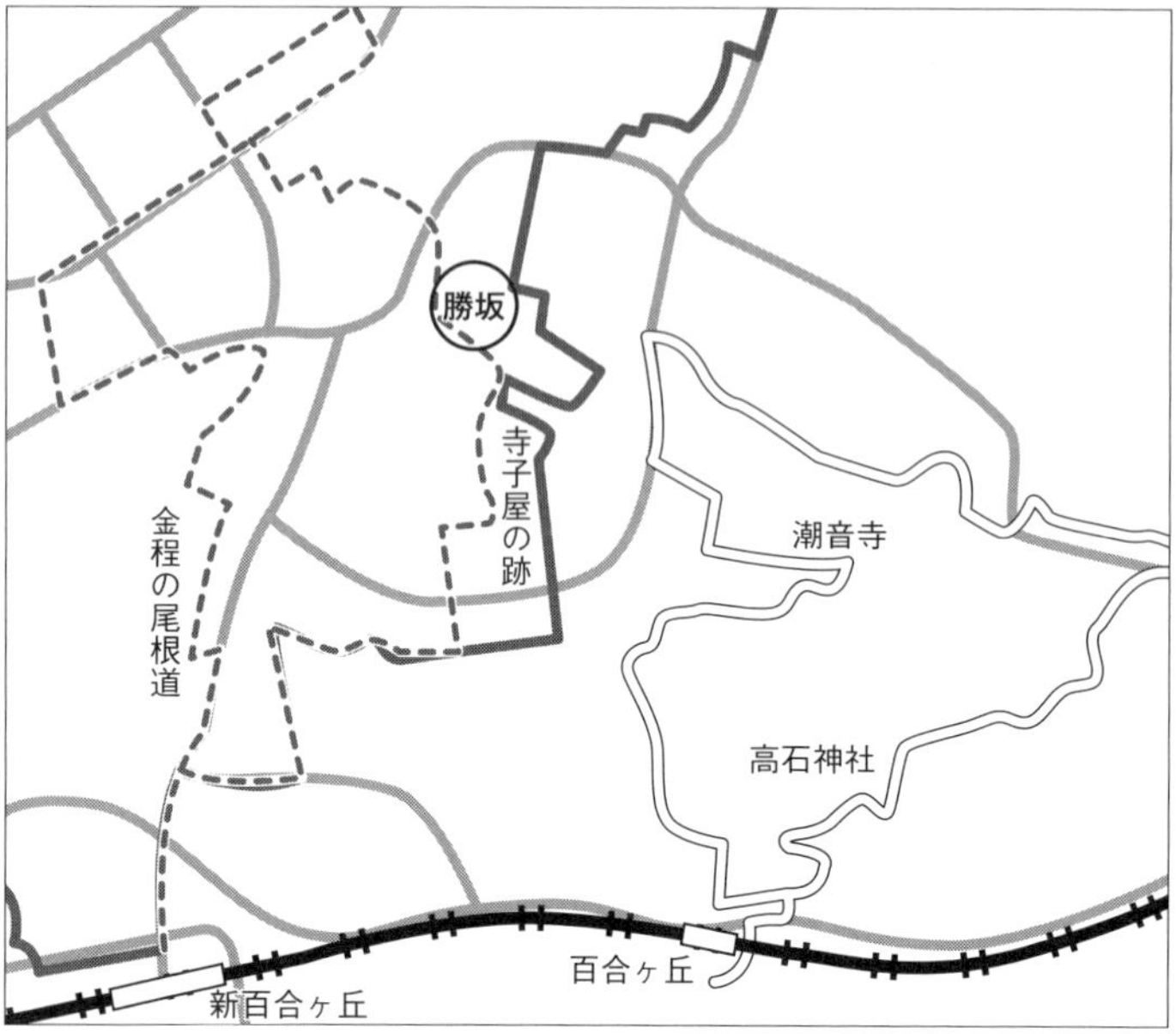


特に天文六年（一五三七年）頃の様子はどうであったのだろうか。
『深大寺城』は、誰により築城されたのかは定かでないことは既に述べた通りで、その後、鎌倉時代に『深大寺』が戦火に焼かれ荒廃し、世田谷「吉良氏」によって再興され、刀剣も奉納されたとの記録がある。「吉良氏」はこれ以降、『深大寺』の檀那衆の一人として信仰心も厚かったという。先に述べたように深大寺住職であった長辨も吉良氏との関係を持っていたようである。従って、『深大寺』は「吉良氏」の庇護または影響下にあったと考えるのが通常であろう。既述のように、「吉

良氏」は後北条氏の保護のもとにあり（後、三代目北条氏康の娘が吉良に嫁し、遥か後の吉良上野介と直接繋がっている）、『深大寺』もその影響下にあったことは容易に推測される。『深大寺城』は、ごく近距離にあり、状況は同じであろう。但し、北条勢が常駐していた訳ではないであろう。多摩川を挟んで北条勢の「小沢城」があり、『深大寺城』に駐在する意味はなかろう。享禄三年（一五三〇年）六月には、小沢城から出陣した北条氏康（初陣であった）が、北条領に侵攻した上杉朝興を迎え討つ小沢原の戦いがあり、氏康が上杉勢を退け初陣を飾っている（若武者勢が多かったようである）。この時、氏康は嬉しさのあまり、「勝った！　勝った！」を連呼、叫びながら坂を駆けていったと言われる。この坂を、現在は「勝坂」と呼んでいる。勝坂を見ることができる地図を前頁に示す（勝坂は枠内に見えている。その時の様子は一五五頁『鎌倉公方九代記』に記している）。

即ち、天文六年（一五三七年）の七年前にはこの辺りは北条勢の勢力下にあったとも考えられるだろう。

ここで、もう一点残されている史料をご紹介しよう。それは、次に示すように上杉定正（先に述べたように、あの道灌を謀殺した）の書状である。

「一昨日十三、於小沢川原合戦勝利、敵討捕候、心地好候、深大寺鑓候面々動雖不始事候、小早河同心走廻被成尤候、一両人所江御感事可相越候、物又一両日二鉢形近所へ可出陣候、隙明候者、急度可罷越候、謹言、

九月一五日　　定正（花押）

篠窪三郎左衛門尉殿」

暦年はない。「上杉定正」の没年は、明応三年（一四九四年）一〇月五日であり、それ以前の小沢河原合戦時には『深大寺』が戦の一場面に登場していたことを示している。これは、「長享の乱」におけるものである（長享元年〈一四八七年〉から永正二年〈一五〇五年〉）にかけて、山内上杉家の上杉顕定（関東管領）と扇谷上杉家の上杉定正（没後は甥・朝良）の間で行われた戦いの総称。この戦いによって上杉氏は衰退し、駿河今川氏の客将・伊勢新九郎宗瑞（死後、北条早雲と呼ばれた）の関東地方進出を許す結果となった。これは、上杉一門の内紛であり、北条勢との戦が行われたという訳ではないが、後北条氏の南武蔵進出の契機ともなった。本書状では、「小沢川原合戦の際に、『深大寺』に派遣した扇谷上杉の面々に向けたもの」である。いずれにせよ上杉勢同士の争いで、北条勢がここには登場はしてこない。この書状が『深大寺』が戦国時代に最初に登場したものである。

もう一点、この書状が交わされた時点では、まだ「神大寺城」は存在していないのであるから、書状の『深大寺』は紛れもない「深大寺」（東京都調布市）ということになる。

北条氏綱による江戸城攻めは、大永四年（一五二四年）であり、「北条氏綱」が本格的に関東南部に進出したのである。この「小沢城」については、後北条三代目名将の誉れ高い北条氏康が初陣を飾った城として知られていることは既に述べた。享禄三年（一五三〇年）、小沢原の戦いにおける初陣にて上杉朝興と戦い、これに大勝したとされているものである（『鎌倉公方九代記』による記述は一五五頁以降参照）。これに伴って、既に述べた「吉良氏」は、北条氏との二度にわたる政略結婚などにより北条氏と強い繋がりを持ちその保護下に入っていた。吉良氏は、即ち一五三〇年頃からしばらくは「深大寺」と同様に「深大寺城」は北条氏の影響下にあったと推測される。

以上、二つの「古城」についての歴史や城を取り巻く当時の状況について見てきたが、両城とも武蔵南部にあって、北条勢と上杉勢が互いに戦火を交えた地域にあったものと考えられる。

このような似通った境遇にあることも「古城」を比定するうえで事態をややこしくする要因の一つにもなっている。ここで一つ言えることは、どちらの「古城」も明確に、北条氏もしくは上杉氏が軍事的に進駐・常駐していたということではなさそうである。広い武蔵の地の至るところに軍勢を張り付けられるものでもないだろうことからも推測される。兵は肝要な城や要害・砦に詰めるのが常であろうから。

次に、戦略的見地から古城を比定するための考察を試みる。城を取立てるということは、戦いを行ううえで、どの地に設けるのが合理的であるかを熟考するのは当然である。「上杉朝定」は「古城」を再興して、「北条氏綱」を討伐しようとした訳で、そのために選ばれていたのが二つの古城のうちのどちらであったかを考慮する必要がある。即ち、戦略的かつ戦術的に選択されなければ、戦いの目的を達成することはできないからである。

古文書の記述には第二章でも多少触れたが、以下の三通りが見られる。

①氏綱ヲ攻メントテ要害ヲ構ヘシ（『小田原編年録』など）

②相州ニ向テ（『河越記』など）

③古城ヲ取テ小田原ニ攻入ントス（『新編武蔵風土記稿』など）

などである。

また、この進攻が何を目指すのかと言えば、ほとんどの文書では、氏綱の征伐としている。また、ベクトルはすべて相州・小田原を向いている。

このことは、「氏綱ヲ亡シ恥辱ヲ雪クヘシト」として表現されており北条氏綱に対する復讐戦の色合いが濃いのである。これを前提とすれば、敵将、北条氏綱に可能な限り速やかに近づける戦略的な位置にある古城を取立てる必要があるし、そうしたはずである。この氏綱への思いは、父朝興の遺言（『新編武蔵風土記稿』別巻）から引用したものである。要は恨み骨髄なので、やっつけてくれといい、「まず、領土を取り戻せ」とは決して言っていない。このことは、比定をする意味でも極めて重要なポイントである。

別の観点から見てみる。この天文六年現在、北条氏綱が起居していた場所については、『河越記』に次のような記載がある。

「北条京兆は自国を納めんがため強敵を防がんがため天文第六文月十一数萬の軍兵を引卒し、武州に發向して」

である。京兆とは氏綱のことである。

この文章によれば、北条氏綱は、武州（武蔵国）に向かったとある。とすれば、氏綱は、当日、武蔵国以外に起居していたことになり、考えられるのは相州（相模国）だけである。これは、次頁に示す国の配置図を見れば、武州に隣接する国（相州を除き）は、下総国、甲斐国、上野国及び下野国である。この中で、北条氏綱が起居していた国は相州以外に考えられない。さらにこの時期、北条氏綱の気持ちは駿河国に張り付いていたとのことであり、もともと後北条氏の本拠地は小田原であることから、この推測も理にかなったものであろう。

　当然ながら氏綱の居城は小田原城であり、そこに向けて進軍させるのが北条氏綱討伐のために必要不可欠である。この時、「深大寺城」と「神大寺城」の二城を考えた場合、戦略的には「神大寺」の方が小田原に向かって進軍するためには適した城ではないだろうか。

『神大寺城』は東海道に出るにも都合が良く、地理的にも小田原に非常に近い。一方『深大寺城』は、多摩川の対岸に北条側の出城「小沢城」があるとはいえ、小田原攻めの観点からは合点がいかない。

『深大寺城』に陣を構えたとしても、多摩川を挟んで敵の「小沢城」と対峙することはあっても、小田原へ進攻するのには適地と思えない。

次頁におもな当時の鎌倉街道を示す。●は神大寺城、■は深大寺城、▲が小田原城である（『中世を道から読む』齋藤慎一著／講談社現代新書参考）。

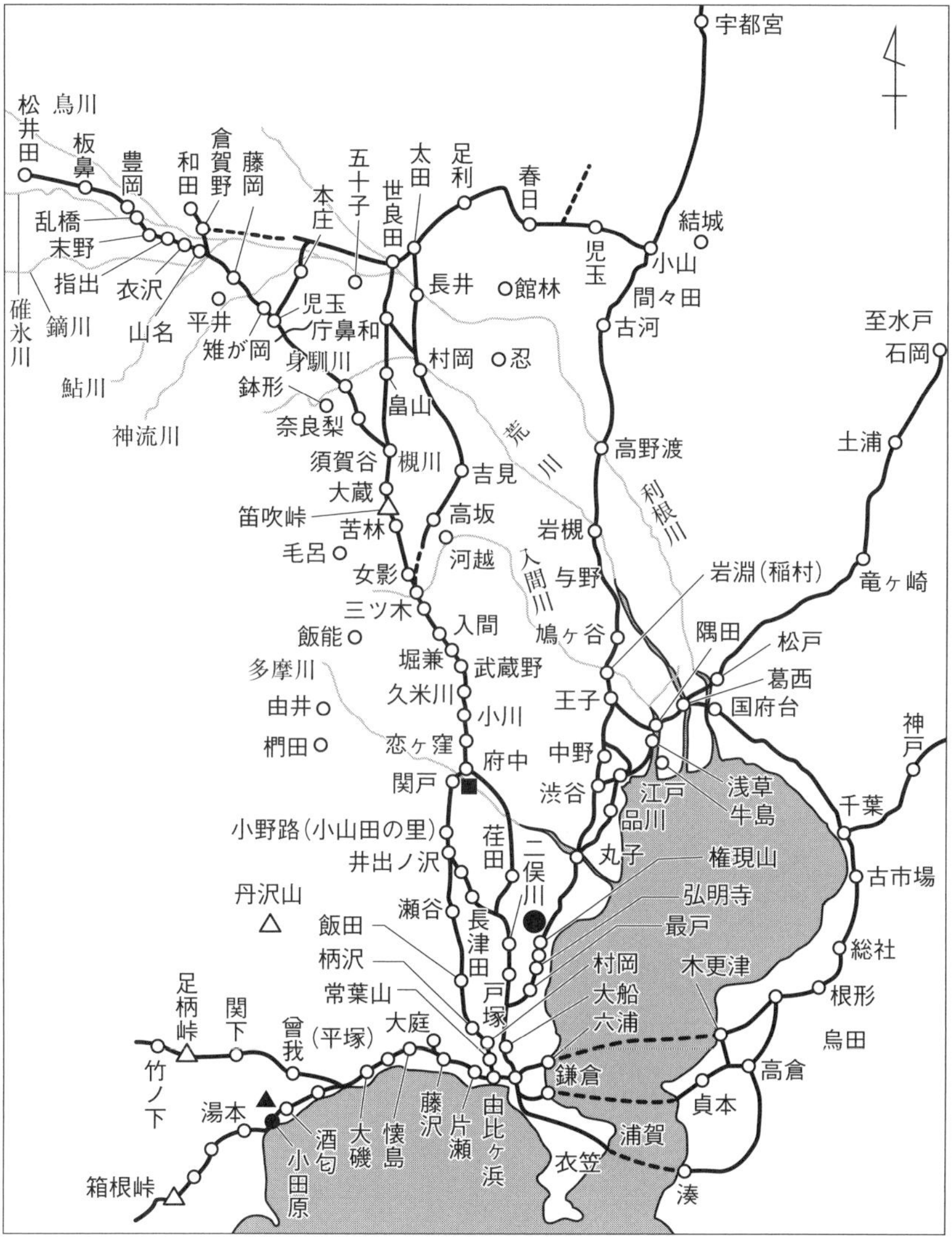

宇都宮
松井田
烏川
板鼻
豊岡
和田
倉賀野
藤岡
本庄
五十子
世良田
太田
足利
春日
児玉
結城
小山
間々田
乱橋
末野
指出
衣沢
山名
平井
雉が岡
児玉
庁鼻和
長井
館林
古河
至水戸
石岡
碓氷川
鏑川
鮎川
神流川
身馴川
鉢形
奈良梨
畠山
村岡
忍
須賀谷
槻川
吉見
荒川
高野渡
土浦
大蔵
笛吹峠
苦林
高坂
毛呂
河越
入間川
岩槻
利根川
女影
三ツ木
与野
岩淵（稲村）
竜ヶ崎
入間
飯能
鳩ヶ谷
隅田
松戸
堀兼
武蔵野
多摩川
葛西
久米川
王子
国府台
由井
小川
椚田
恋ヶ窪
府中
中野
浅草
牛島
神戸
関戸
渋谷
江戸
品川
千葉
小野路（小山田の里）
荏田
二俣川
丸子
権現山
井出ノ沢
古市場
丹沢山
弘明寺
瀬谷
最戸
飯田
長津田
柄沢
村岡
総社
木更津
常葉山
戸塚
大船
根形
足柄峠
関下
曾我（平塚）
大庭
六浦
烏田
竹ノ下
鎌倉
高倉
湯本
酒匂
大磯
懐島
藤沢
片瀬
由比ヶ浜
貞本
浦賀
衣笠
箱根峠
小田原
湊


鎌倉街道要図

上には小沢城と深大寺城の位置関係を地図にて示す。

もう一点指摘しておきたいのは、「古城」を『深大寺城』とする説において、しばしば説明されるのは、「北条勢」の『深大寺城』素通り論である。これは『深大寺城』には目もくれず、北条勢は「上杉朝定」の本拠である「河越城」に直接向かい、近くの三木に陣を敷いた、というものである。いつからこの素通り説が始まったか不明であるが、専門的ではない紀行文のようなものにこの記述が見られる。この説に至っては上杉朝定は何を目的として『深大寺城』を再興し、部隊を送り込んだのか全く不明である。まだしも、「小沢城」の対峙する敵兵と戦火を交えたのであればともかく、何らの働きもなく、先攻する訳でもなく、むしろ北条氏綱が先に動き（逆寄）火蓋は河越にて切られたのである。何やら、朝興の遺言から始まる話とは全く無縁の、極論すれば喜劇的な展開ではないか。即ち、この『深大寺城取立』作戦は、何ら役にも立たなかった、「無能の総大将の作戦」だったのだろうか。

この点については、氏綱は足掛け五日がかりで小田原から河越に至ったことにもなり、この点は甚だ疑問でもある。道中でどのようなことがあったかも重要であろう。この点については、第六章でもう少々深く掘り下げる。

以上は、既に述べたように上杉朝定の目的からしても、戦略的な意味合いからも、現在の定説が解釈不能であることが自明なこととして理解される。

『深大寺城』説に否定的な見解を述べてきたが、この否定の裏返しとして、『神大寺城』説はどのように解釈されるであろうか。表1の「浄瀧寺」の項の説明で、「天文年中北条氏綱上杉朝定ト神代寺ノ原ニテ合戦ノ頃兵火ノ為ニ寺中儘ク焼失シテ」（『新編武蔵風土記稿』による）とある。

（注）記載では、「神代寺」とある。よくご存じの読者は、『深大寺』近辺には、例えば「神代植物公園」のように【代】の字を使うではないかとご指摘されるかもしれない。し

かし、この「神代」が初めて使われたのが、明治二二年の近隣との八か村の合併に際してからである。従って、現在使われている「神代」はそれ以前に起源を持つものではない。当時、合併に当たり、深大寺村が他の村地区に配慮して、『万葉集』から神代を借用したと言われている。その理由と命名の背景について、真偽のほどは不明であるが、村の合併と「神代」の登場は史実である。

さらに、『新編武蔵風土記稿』の、橘樹郡青木町の項（先ほどの浄瀧寺の項と同じ見開きの頁）には、「片倉神代寺ノ村々ニ」とあるように、『神大寺』と同義であることは間違いない。青木町も片倉も横浜市神奈川区にある地域で、ともに隣接する地区同士である。

この記載によれば、天文年中に「神代寺ノ原」にて北条氏と上杉朝定の合戦があり、その戦火で「浄瀧寺」が全焼したとのことである。この文章で記載がないのは具体的な暦年である。これは、次のように考えられるであろう。

「天文年中」とあるが、上杉朝定は、天文六年（一五三七年）に父朝興の死去に当たり、一三歳で家督を相続した。従って、初陣は早くとも天文六年以降と考えるのが自然であろう。もちろんそれ以前に出陣したという記録は残っていない。天文六年には北条氏綱との戦で敗走し、本拠地河越城を出奔し、松山城に逃れている。歴史の語るところによれば、同年以降、武蔵北部で戦闘を重ね、武蔵国橘樹郡に進攻している記録はなく、後に、一五四六年に戦死した（没年については諸説ある）。この二つを考え合わせると、この「天文年中」は「天文六年」と比定される。従って、この記事は、「天文六年」に『神大寺（城）』の近隣で上杉勢と北条勢の間に合戦があったと無理なく解釈できる。合戦後、上杉勢は河越城に逃げ込んだようである。

さらにもう一件、七九頁の表１の⑯北条爲昌の書状である。これは「七月三日」付けの書状で「河越衆神太寺へ陣を寄候由」との文である。「河越衆」とは、そこを本拠地（上杉朝定が城主）とする上杉勢であり、部隊が『神太寺』に陣を構えた旨の報告である。これが、「七月三日」の書状作成以前であろうから、その後、この陣立てに対して、先ほどの「神代寺ノ原合戦」に繋がっていったと考えても何ら矛盾は生じない。但し、本書状は暦年の記載がないためこの点は留意しておく必要がある。

以上述べてきたことから、二つの「古城」を比較した時、戦国時代という時代背景と上杉朝興の遺言成就のための戦略的意味合いを見る限り、定説とされてきた『深大寺城』の分は悪く、『神大寺城』説が俄然浮上するように思われる。

これが、本章の結論なのである。

もう一点追加で『神大寺城』説を補強する記事を紹介しておく。
『遊歴雑記初編』に次のような記述がある。少し長いが掲載しておく。

『鎌倉九代記』に曰、
天文六年七月十一日北条氏綱は武州深大寺の堂に楯籠りし上杉勢を追散し、大将上杉朝成を生捕て武勇を近隣に輝し、進で川越の城を攻る、城主は上杉管領朝定也、抑、此河越の城は、太田持資入道道灌が父道真といふもの、初て築之、むかし、有原業平、此里に来て、たのむのかりをいつかわすれんと読し入間郡三芳野の里とは此処なり、
道真此地に久しく住して、要害も流石に堅固なり、城兵心を一にして防戦を励ば、などか敵をも苦しめざるべき、
然るを、先日、深大寺三木表の合戦に、伯父朝成の為、敵生捕れ残兵勢ひを失ひければ、縦ひ城に籠て防挑とも運をひらく事は難かるべし、一先城を開て軍平の気を直し、重ねて本意を達せんと、老臣おのおの評定す、これによつて搦手の城戸を開て、大将朝定を始とし、諸卒・女童にいたる迄、我先にと走り出て、川越より北の方三里余にある

松山の城に逃入、その頃松山の城主は難波多弾正といふもの也、甲斐々々しく引入、要害を密くし、兵粮・糠藁にいたる迄潤沢に用意して、人馬の労を休めける、

（中略）

同じき十四年九月廿六日、山内上杉憲政・扇谷上杉氏朝定・古河公方源の晴氏、彼是合て兵八万を以て川越の城を囲む、上杉憲政本陣（陣）は砂窪といふ処也、城将綱成が兵纔に三千を以て能これを防ぐ、時に北条氏康八千の軍兵を率し、これも砂窪の辺に出張し、敵の備えを窺ひ見て、夜討せん事を謀る、

（以下略）

＊なお、この文章はかの有名な『日本三大奇襲』の一つ、河（川）越夜戦についての記述であるが、本文末尾の付録二に若干詳細な説明を記している（なお、絶対にという訳ではないが、戦国時代には【河越】と書き、近世では【川越】と書くようであるが、本書では当時の「河越」をおもに使っている）。

この記述は年月日としては非常に上手く説明できる。注目すべきは、『深大寺』の「堂」とされていることである。決して、『深大寺城』または砦、要害などとは述べてい

ないことである。この文をもって、取立てた「古城」が『深大寺城』とはならないことである。要は、上杉勢の一隊が深大寺の堂に立て籠もっていて、これと北条勢との間に戦いがあり、上杉勢は追い払われた、ということを述べている。「三木表の合戦」で上杉朝定が河越城を追われ、「這這《ほうほう》の体」で河越衆とともに松山城に出奔する時の様子が描写されており、北条氏綱側の勝利がわかる。この時の、松山城主が第三章で深大寺城の城代ではなかったかという伝承に登場した、難波田弾正である。また、「天文六年上杉朝定が難波田弾正に命じて深大寺城を取立てた」という説も一部にはあるが、事の顛末を考えると、この説の成立は困難である。

さらに、話は三木（表）の合戦から八年後の天文一四年（一五四五年）に移る。この時点では、北条氏綱は既に故人（天文一〇年〈一五四一年〉に病に倒れ、七月一九日に死去。享年五五歳）となっており、嫡男の氏康が後を継いだ。最後の記述は、有名な「河越夜戦」についてのものであり、これにより、八万の上杉他の連合軍に無勢の北条勢が圧倒的に勝利した件の説明の一部である。この合戦で上杉朝定は討死し、ここに扇谷上杉氏は滅亡した。

「謀多きは勝ち、少なきは負け」（尼子経久・出雲守護代の言）ということである。この時代を語るに真かもしれない。また、この戦国時代に、今で言う「忍者」の前身が活躍している。例えば、『小田原記（北条記）』などには「風間小太郎」の記述が見られるが、風魔小太郎とも称される。これは、本当は風間姓だが代々風魔小太郎を名乗ったとされていることが多いともされている。

ここで、本題とは離れるが、北条家にまつわる小咄を一つ。この北条三代目の氏康は、幼少の頃は軟弱な少年だったようで、家臣にも嘲笑されていたとのことである。これを見た父氏綱は、氏康に算術を習わせたという。後年、長じた氏康は、体躯も偉丈夫になり、初陣についても述べたように、戦上手であったようである。以下、『鎌倉公方九代記』より抜粋すると、

享禄三年〈一五三〇年〉六月、上杉修理大夫朝興は、川越の城におはしけるが、小田原の北條氏綱を亡し、先年の恥辱を雪むべしとて、（中略）兵五百餘騎を率して、武蔵の府中に出陣せらる。北條氏綱之を聞きて、あら事々しや。僅の小勢を以て我を退治せんとの企、何程の事かあるべき。螺貝を以て淵を掻き、針鋒を以て山を劈かんとするが如くならん。押懸けて蹴散らせとて、嫡子新九郎氏康今年十六歳、初陣ながら大将として、乳母子に志水小太郎を始めて、同じ程なる若武者勝り二百餘騎、物慣れたる武功の兵百餘騎、旗の手を靡かし、武蔵の府中・玉川の端・小澤原といふ所に押寄せたり。（中

略）北條勢は小勢にて、大将も若けれども、老功の侍大将、（中略）上杉方は多勢なれども、軍兵志我々にして、駆くるも引くも、しどろなりけれは、切崩され追崩され、手負死人宛ら陵をなし、終日戦ひ疲れて、晩景に及びて、上杉勢散々に懸負け、夜に入りければ、大将修理大夫朝興を始めて、陣を拂って引返す。（中略）氏康初陣に敵を追返し、物始めよしと喜び、勝鬨を行ひ、手負を助けて、小田原に馬をぞ入れられける。

という次第である。もちろん、この件《くだり》は、小田原、すなわち北条側の「大本営発表」である。しかし、その後に活躍した氏康の登場でもある。

連戦連勝を収めた氏康であったが、これを見ていた父氏綱は死に臨み、長子氏康に戒めの五つの詞を遺した。その一つが、かの有名な「勝って兜の緒を締めよ」だったとのことである。

また、北条氏康は、修めた算術を兵站（ロジスティクス）にも活かしたとの説もある。北条五代の中でも智将の誉れ高い氏康であった。

『深大寺城』説を否定しようとする立場であれば、上記のような記載内容は大いに歓迎するところである。しかし、直ちにこの記述を明白な証拠とする訳にはいかないのである。

何故なのかについて以下に説明する。

①「鎌倉九代記曰」とされていること

②深大寺における戦闘で「大将上杉朝成を生捕て」とされていること

の二点である。

まず①から説明すると、『鎌倉九代記』には北条氏綱時代の記載はなく、もっと遡る時代を記録した文書である。

即ち、北条時政から貞時に至る、鎌倉時代の北条氏九代についての物語風記録（一一八三年から一三三二年まで）である。本書の主題は天文六年（一五三七年）頃であるから『鎌倉九代記』は当たらない。これに続く歴史書としては『鎌倉九代後記』がある。時代としては全く問題はないが、該当するような文章の記載は何処にも見当たらない。もちろん、この文書には、本題の上杉朝定が取立てた「古城（古き要害となっている）」の件が記載されている。かくなる状況で、先の「深大寺」立て籠もりに関する出典は未だ不明である。『遊歴雑記』は江戸時代に記されたものであるから筆者には確かめる術もない。

〈事ほど左様に、古文書は、その文書名自体も輻輳《ふくそう》〈同じ文書が違う文書名でも呼ばれたり、似通った名称を持つ文書も多いなど〉していることも遠因になり得る、と思われる。いろいろと史書を調べていくと誤記や転記ミスと思われるものに出くわすことがある）

深大寺での戦闘という記事を除けば、特に目新しいと思われる内容はない。記載日時（特に深大寺での戦闘）についても流れとして不自然なものは見られない。ここでは、北条氏綱が深大寺に進攻して戦い、上杉勢を追っ払って、その足で川越の城に向かって進軍したと記述されている。この記述について、説明が長くなるが、関連する記事を以下に説明する。

「相州を出発した北条氏綱勢は、川越三木に」先駆した先遣部隊と、氏綱は後続部隊で三木で落ち合った。即ち、これから北条氏綱隊は「神大寺ノ原」で上杉朝定と戦火を交え、北上して『深大寺』でも戦闘を行い、遅れて川越三木に着陣した。先遣隊がいたことは多くの文書に記載されている通りである。

「氏綱是ヲ聞給ヒテ同七月十一日サカ寄ニ河越ノ三木ト云処マテ押寄タリ先カケノ兵ニハ井浪橋本多目（云々）」（『小田原記』）

とある。この点については、第六章でさらに詳細に分析し、北条勢の動きを明らかにする。

次に②の記事である、『深大寺』における戦闘で上杉勢大将上杉朝成（亡き朝興の兄弟、即ち朝定の叔父に当たる）が捕虜になったとの記載である。一方、多くの古文書では、大将上杉朝成は、天文六年（一五三七年）七月一五日の三木における北条勢との合戦で捕縛されたことがしるされており、この数日間の戦闘で二回も捕虜になったのは不自然で、考えづらい。それほど身分の高くない将兵ならいざ知らず、総大将上杉朝定の次に当たる大将についての記載を間違える点からも、この記載を直ちに信じる訳にはいかないのである。

以上のような事情で本章での結論を語ることになるが、『深大寺』での戦闘の記事は、比定の根拠からは除いて考えてもよい。不正確な記事ではあるが、特に、虚偽を書く動機も見られない。従って、一連の氏綱と朝定の動きの参考にはなる。全くの創作の可能性もあるので不合理な点があれば、直ちに排除すればよい。今後、本記載内容が、他の文書で見出されれば新たに再度評価し直せばよい。一方、氏綱は、七月一一日に武州に向けて出陣したが、この後一五日に川越で上杉勢との合戦が行われる。

少し時間を逆戻しするが、『深大寺』と上杉氏であるが、遡ること「長享の乱」頃、次のような上杉定正（生まれは一四四三年または一四四六年～一四九四年）の書状（『北区史』資料編　古代中世1）であり、先述の再掲である。

「一昨日十三、於小沢河原合戦勝利、敵討捕候、心地好候、深大寺鑓候面々動雖不始事候、推察前候、小早河同心走廻被成尤候、一両人所江御感事可相越候、扨又一両日ニ鉢形

近所へ可出陣候、隙明候者、急度可罷越候、謹言、
九月十五日　　定正（花押）
篠窪三郎左衛門尉殿」
暦年は不明であるが、小沢川原での合戦である。この時、上杉定正は『深大寺』に部隊を置いている。但し、これは本書の主題の天文六年から、約五〇年ほど遡る時期であることに注意されたい。

結論として締めくくる前に、もう一点追加で述べておく。
これまで、『深大寺城』説を唱える多くの諸先輩は、天文六年七月の上杉朝定による深大寺城の再興後、北条氏綱が軍勢を率いて南武蔵に進攻したが、『深大寺城』には目もくれず素通りして、川越三木の原（埼玉県）に布陣したとされている。この件については、異なった見解をお持ちの研究者もいらっしゃる。第三章でご紹介した黒田先生のご著書（五九〜六〇頁）において、文章の中盤に『深大寺』において上杉勢と北条勢の戦いがあったとされている。この戦いの理由としては、「領国内部に築かれた敵の拠点を放置しておくわけにはいかないから」とされている。認識として、天文六年には『深大寺城』は北条氏綱の領国内にあったという説である。であるとすれば、敵領地内に陣地を築くしか

ない、という方たちには看過できない主張である。

何故なら、一部「古城」を『神大寺城』ではないと否定する論拠に、「敵の領国内に古城を取立てるはずがない」ということを主張される方がいるからである。

敢えて申し上げれば、上杉朝定から見れば、『神大寺城』も『深大寺城』も敵地またはそれに近い状況にあったと言えるのである。であれば、取立てるはずもない。『神大寺城』は、北条氏綱が命じて小机城が普請され、その出城として家来笠原氏（城代となった）により開かれた。後に、小机城は代々北条家の一族が城主となる重要な拠点であった。

また、『深大寺』は、世田谷吉良氏により再建され、北条氏綱の武蔵進出・江戸城攻略に伴いその保護下に入ったのである。

以上、遠回りとなったが、本章の結論としては、再興された「古城（砦、要害とも）」は、定説とは異なり『神大寺城』が有力であると推測されるということである（但し、城というのは若干不適当かもしれない）。この頃の城とは、山城や平山城でも要害・砦のようなものであったと思われる（後のように、石垣や天守閣がある訳ではない）。

特に、この説を取ることに不自然さや他の史実との齟齬は見られず、従来の説にはそれを説明する論拠がほとんどないうえに、関連する事実も見られない。もう一点、戦いは「虎穴に入らずんば虎児を得ず」でもある。自陣内に安穏と砦を築き攻め上る手法が戦であろうか。真田丸が大坂城とは脈絡を断った出丸（曲輪）であったということも参考になろう。

■第6章

# 時間の流れに沿って北条・上杉の動きを追う

前章までに、古文書を調査して定説の妥当性への検証を試み、併せて時代的な背景の観点から二つの「古城」候補を眺めた。もう一点、心理的、戦略的な考察からも候補地の評価を行った。その結果、結論的に言えば、これまでの通説とは異なり、『神大寺城』がより相応しい比定地ではないかと結論づけた。

本章では、ここからは少し離れ、第四章で触れた天文六年（一五三七年）四月の上杉朝興逝去から、七月、さらにはそれ以前、及び扇谷上杉氏滅亡に至る時間的流れに沿って、生起した事象を整理して不合理な関係が存在するか否かを検討してみる。この期間、（信ぴょう性は別として）日付のある文書の記録も多く、日毎の歴史を語ってくれるのである。まるで日記を見るようでもある。

既に説明をした通り、上杉朝定は、父朝興の死に伴い一三歳で家督を相続し、遺言に従い北条氏綱を討たんとした。従って、上杉朝定の初陣はこれ以降であり、上杉朝定の登場する合戦は天文六年四月以降と考えてよい。

また、「古城の取立」は、父朝興の意を受けて始めたとして問題ないであろう。さらには、日付（年も含む）のない記載の文書・書状も紹介したが、上記の理由によって時期・日時はほぼ比定できる。これらの事実を踏まえ、出来事を整理してみる。

その前に、これまでに登場していない日付の判明する資料について簡単に紹介をしておく。最初に、『快元僧都記』（『北区史』資料編・古代中世２）に以下の記述がある。出張は「河越」とあり、上杉朝定を指している。

（天文六年六月十六日条）

十六日、千遍陀羅尼結願也、同廿八日、河越出張之由風聞、

また、北条氏綱の出馬について以下に記す『河越記』（『北区史』資料編・古代中世２）には、

然に北条京兆は自国をおさめんかため強敵をふせかむため、天文第六文月十一数万の軍兵を引率し武州に発向して同十五河越の城にさしむかふ、

（筆者注・北条京兆とは北条氏綱のこと）

この記事からは、天文六年七月一一日北条氏綱が武州に向けて、即ち、相州から発向したことがわかる。

もう一点、出馬の様子については『鎌倉九代後記』には、

氏綱井浪橋本多目荒川等ヲ先カケノ足軽大将トシ、松田志水朝倉石巻ヲ侍大将トシテ出馬シ、同十五日川越へ逆ヨセニス

既に述べたように、この記事によれば先遣隊があり、北条氏綱は後発隊であることが窺える。さらに、相州発向の後、河越着陣まで四日の期間がある。この間、「神大寺ノ原」及び「深大寺」において上杉勢との衝突があったとしても、日程を考慮すれば、それは否定し得ない。むしろこの間に何もなかったと考える方が不自然ではなかろうか。既に上杉朝定の軍勢は河越を発進していたからである。

△天文六年四月二七日
上杉朝興河越城にて死去（享年五〇歳・遺言）
上杉朝定（一三歳）家督相続
（この間に古城を再興開始）
△同年　六月二八日

上杉朝定河越を出張
（但し、本記事は伝聞とされている）
△同年　七月三日
北条為昌（神奈川県鎌倉市にある、玉縄城城主・氏綱次男）書状にて上杉勢が神大寺
に陣を寄せている旨、宛先不明であるが書状を送っている
△同年　七月一一日
北条氏綱（相州を）出馬
△同年　七月一一日
北条氏綱、上杉朝定と神大寺ノ原にて合戦
（但し、本出来事の日付一一日は、上杉朝定の初陣の時期とその後の北条氏綱との戦
闘の経緯から年月日を比定したもの）
△同年　七月一一日
上杉勢と北条勢が深大寺において戦闘、上杉勢追い散らさる。敗走
（注）本出来事は、二つの文献にて記載されているが、引用元での確認は未
△同年　七月一五日
北条氏綱河越三木（埼玉県狭山市）に逆寄せ。上杉朝定勢これを迎撃するも松山城に

出奔。この際、大将上杉朝成生捕りにさる
△天文一〇年七月一九日
北条氏綱薨る。北条氏康家督を継ぐ
△天文一五年四月二〇日
河越城の戦い（夜戦）で上杉朝定討死。扇谷上杉氏はここに滅亡
山内上杉憲政、上州に落つ
（後に、さらに氏康に押され、越後長尾家に庇護を求める）
△永禄四年（一五六一年）
長尾景虎、上杉憲政養子となり家督を相続。上杉謙信景虎の登場

という流れである。なお、上杉朝定の没年には複数説あることは先に述べた通りである。要は誰も死の場面を見ていないし、遺体も確認されていないとのことである。

この流れを見ると、北条氏綱と上杉朝定の戦いは北条氏綱の相州発向後、足掛け五日間に武蔵南端から順次北上して武蔵野北部に至ったと推測される。距離的な観点からも、部隊の移動にも特に困難は生じない範囲であろう。再度指摘すれば、古城を『深大寺城』としては得られなかった情景でもある。多くの文書によれば、北条氏綱は上杉朝定の動静

（古城の取立、陣を寄せたこと）を知るや即座に軍勢を整え、武蔵に向かって出馬して、戦闘に勝利を収め、上杉朝定他を追い詰めていったとのことである。

以上、整理した時間軸での整理によっても「古城」が『神大寺城（砦）』としても何ら不都合は生じることなく、空間的にも時間的にも流れを説明できることが判明した。また同時に、積極的に『深大寺城』説を裏付けるような根拠を見出すこともできなかった。

但し、本章での結論は、『神大寺城』説が絶対的に正しいとするものではなく、これまでの、限られてはいるが歴史的な記録を合理的に説明することができるというものである。

一方、『深大寺城』説に対しては、一部の文書の記録とは整合が取れない点がある。しかし、これがこの説を全否定するものでもない、といったところであろうか。

これらのことから、両説の可否の判断は、他の章での結論と併せて検討されるべきものとする。これが本章の結論である。

なお、上杉謙信景虎の登場について、『鎌倉公方九代記　巻十一』の記述を紹介しておく。上杉憲政の心境であろう。

「時運傾き兵氣撓みて、終に氏康が爲に追落され、恥を忘れて當國に頼み來れり。先考爲景は、聊か不義ありと雖、既に卒す。景虎は未だ若年なりと雖、武勇謀才は又世に隠れなし。然らば憲政不肖の身ながら、上杉の稱號を譲り、家譜の系圖を渡すべし。早く北條・武田亂賊の首魁を退治し、永く関東八州諸士の管領を相續せられ、憲政は上州一國を保ちて隠居すべし。其外の國郡は、景虎の支配たるべしとぞ仰せ渡されける（以下略）」

先代との確執もあったが、景虎に頼らざるを得なかった模様である。しかし景虎は、その後、名将の誉れ高い、上杉氏となった訳で憲政を受け入れたのは正解であったかもしれない。

本章の最後に当たって、北条勢が小田原を出馬し、いくつかの戦闘を経ながら最後に河越に至り、上杉勢から河越城を奪い、上杉朝定は松山城に出奔する。この河越に至る道程について検討を行い、新たな知見を得た。これについて詳述する。

北条氏綱が天文六年七月一一日、小田原軍勢とともに小田原を出馬（これは、北条爲昌からの書状を受け、上杉朝定が同年六月二八日に本拠地河越を出向し、横浜・神大寺に陣を寄せているとの情報〈同年七月三日付〉を得たことや、すぐに戦準備・軍勢を整え、逆寄せに出馬した際、及び、その後河越に至る北条勢の動向について明らかにしようというものである）。この間の状況については、多くの史料に、点としての情報（同年の何月何日に何があった、という形での記述は多いが、流れ全体を説明する記述は現在まで、筆者が調べた範囲では存在しない）はあるものの、流れはよく理解できない。

本書はこれらを踏まえて、北条氏綱が七月三日発の北条爲昌（氏綱次男で鎌倉・玉縄城主）の書状による情報を受けてどのように河越に至ったかを、想像力を駆使し、但し、状況をより合理的に、かつ具体的に明らかにしようというものである。あくまでも現時点における合理的解釈に挑んだものであり、今後、新たな史料や解釈が出現し、史実が明らかになっていくことに期待したい。そのための〝踏み台〟として位置づけられればよいと思う。

検討した結論に若干触れておくと、筆者は、天文六年七月に小田原を出馬する北条氏綱の軍勢は、

A　北条氏綱を総大将とする一隊が横浜・神大寺（横浜市神奈川区）近辺を通過し（ここで上杉朝定の軍勢を打ち破り、上杉朝定は河越城に出奔）、その後、深大寺近辺へ北上し、深大寺の堂に立て籠もった上杉軍の一隊と衝突し、この上杉軍を追い散らした。この後さらに北上し、河越にて別働（「先駆け」と称される）の北条軍と落ち合

い、三木ノ原で上杉軍と戦いこれに勝利、総大将上杉朝定は松山城に出奔する。

B　北条軍の別動隊は、小田原から河越に先駆けし、右に述べたように北条氏綱軍勢と河越三木にて落ち合い、同年七月一五日、河越城の上杉勢との合戦に挑んだ。

という二隊の流れで説明されると結論づけている。その中で、Bにおける北条勢は、小田原から河越に至る時に、既にこの時代に存在した「大山道」を進軍したとするのが自然という考えに至った。なお、北条勢の軍勢の数については、「其勢七千餘騎」（鎌倉公方九代記）、「数萬の軍兵」（北条五代記、巻之二）などの記述が見られる。素直な疑問としては、多勢の兵が、どの街道を、何処の渡し（多摩川）を通過したか気になるところではあるが、多摩川の渡しについては今後の検討に委ねる。

この氏綱の出馬については、先に述べた扇谷上杉氏の動向に関する、氏綱の次男北条爲昌の書状（七月三日付であり、氏綱に届いたのはこの日以降）による情報を聞き、〝逆寄せ〃に出ている（これは多くの文書にその旨の記載がある）。小田原出馬が一一日であるから、ほぼ一週間以内で多くの軍勢を整え、戦準備を終えて出馬したことになる。

この時の氏綱の心境は、「将来のことを考え、早いうちに扇谷上杉朝定を叩いておくことが肝要」だったようである。であるから、上杉朝定河越出馬（同年六月二八日）の情報に接すると、即座に戦準備を整えたのであろう。難しいと言われる（戦国大名）二代目として、歴史に良将として名を遺した北条氏綱らしい決断力と行動力がまさに垣間見える。

これは、例えば、『鎌倉公方九代記』巻十一によれば、

「父朝興の遺言に任せ、竊に葬送を取収め、佛事作善にも及ばず、軍兵を催し、武州の神大寺といふ所に、深き要害を取立てて城郭とし、氏綱を退治せんとぞ計られける。氏綱聞きて、此者共は毎度手痛く當られ、氣を失ひつけたり。況や此頃朝興に離れ、力を落したればさぞあるらん。臆病神の付きたる者なり。早く押寄せて打散らさんとて（後略）」

と、逆寄せしたとある。

ではこの後、同月一五日、河越三木ノ原における北条軍と上杉軍との戦闘に至るまでは何があったのであろうか。これが筆者の疑問の出発点である。この間、中三日である。ここで従来からの説と筆者の述べた二つの説について簡単に述べる。
（1）小田原→（深大寺）→河越（埼玉県川越市）
（2）小田原→神大寺付近（横浜市）→深大寺（調布市）→河越
の二つがこれまでの史料・歴史書・現代書における記述から想定されるルートであろう。

もう一つ考慮せねばならないのは、例えば、

「氏綱是ヲ聞給ヒテ同七月十一日サカ寄ニ河越ノ三木ト云処マテ押寄タリ先カケノ兵ニ

ハ井浪橋本多目荒河ヲ足軽大将ト定松田志水朝倉石巻ヲ（云々）」（『小田原記』）とある点である。ここで重要なのは、『先カケノ』の意味するところである。〞先カケ〟とは現代の漢字で書けば、「先駆ケ」「先遣《せんけん》ノ」とも「先菟」（北条記）とも書くことができる。これらは、広辞苑によれば、

①衆に先立って敵中に攻め入ること

②特に、同類の中で先になること

さらに、

③先導する（菟。古、菟《うさぎ》が道を先導する説話もよくある。この話は、「菟道《うじ》」から「宇治」となったことからもわかる）

などがある。

ここで①とすると、先陣にはあまりにも将の数が多過ぎる（九名の武将の名前が、例えば、『鎌倉公方九代記』には挙げられている）し、ここは②と③の、先に集め、河越に先遣部隊として派遣。すなわち、氏綱の軍勢は同じ日に出発したが、河越直行部隊とその他の部隊に分かれていたと考えるのが合理的である。

これまで説明してきたように、深大寺城素通り説（近くを北条勢が通過したかどうかについての情報は全くない）によれば、北条氏綱の軍勢は河越に直接向かったとのことであ

るが、この説を取るのであれば、氏綱勢がわざわざ深大寺城近辺を遠回りして河越に向かう理由は何処にもない。もしこれが史実とすれば、「何を目的として上杉朝定は遠くを素通りされるようなところ（深大寺城）に要害を取立てたのか全く理解できない」ということで、家臣を含め、戦術も戦略も微塵も感じることができない。凡庸というより、無能集団であったと言うべきであり、滅亡した扇谷上杉氏及び家臣に対する、ある種、冒涜の説であることを指摘しておく。

一方、②及び③では、以下のように推察される。即ち、北条勢は少なくとも二隊に分かれ、一隊（氏綱を総大将とする。便宜上、〝第二隊〟と呼ぶ）は、東海道を東に横浜神大寺城近辺を目指した（これは既に述べた北条爲昌書状の情報に基づき、上杉氏が築いているであろう砦及び上杉軍勢を叩くためでもあったろう）。

二隊目（〝第一隊〟と呼ぶ。こう呼ぶ理由は、先駆けと呼ばれているからであるが）はより短いコースで河越を目指し、「先カケの兵」であったのだろう。

なお、北条氏第二隊は、横浜神大寺ノ原で上杉勢に勝利した後、北上して調布・深大寺にて、寺の堂に立て籠もる上杉勢を蹴散らしたと、『遊歴雑記』（内容については拙著にも記載）とある（この『遊歴雑記』は、江戸時代に書かれたものであるが、この件については『鎌倉九代記』からの引用としている）。

なお、北条氏綱にとっては、長年にわたって武蔵南部で戦った扇谷上杉家をここで打ち破り、扇谷上杉家を葬り去ることが肝要と考え、北条氏綱自身（第二隊）がこの横浜へ向かったと考えられる。

ここで、上に武蔵の地図を示しておく。小田原・横浜・調布・河越の位置、方位などを確認して頂きたい。

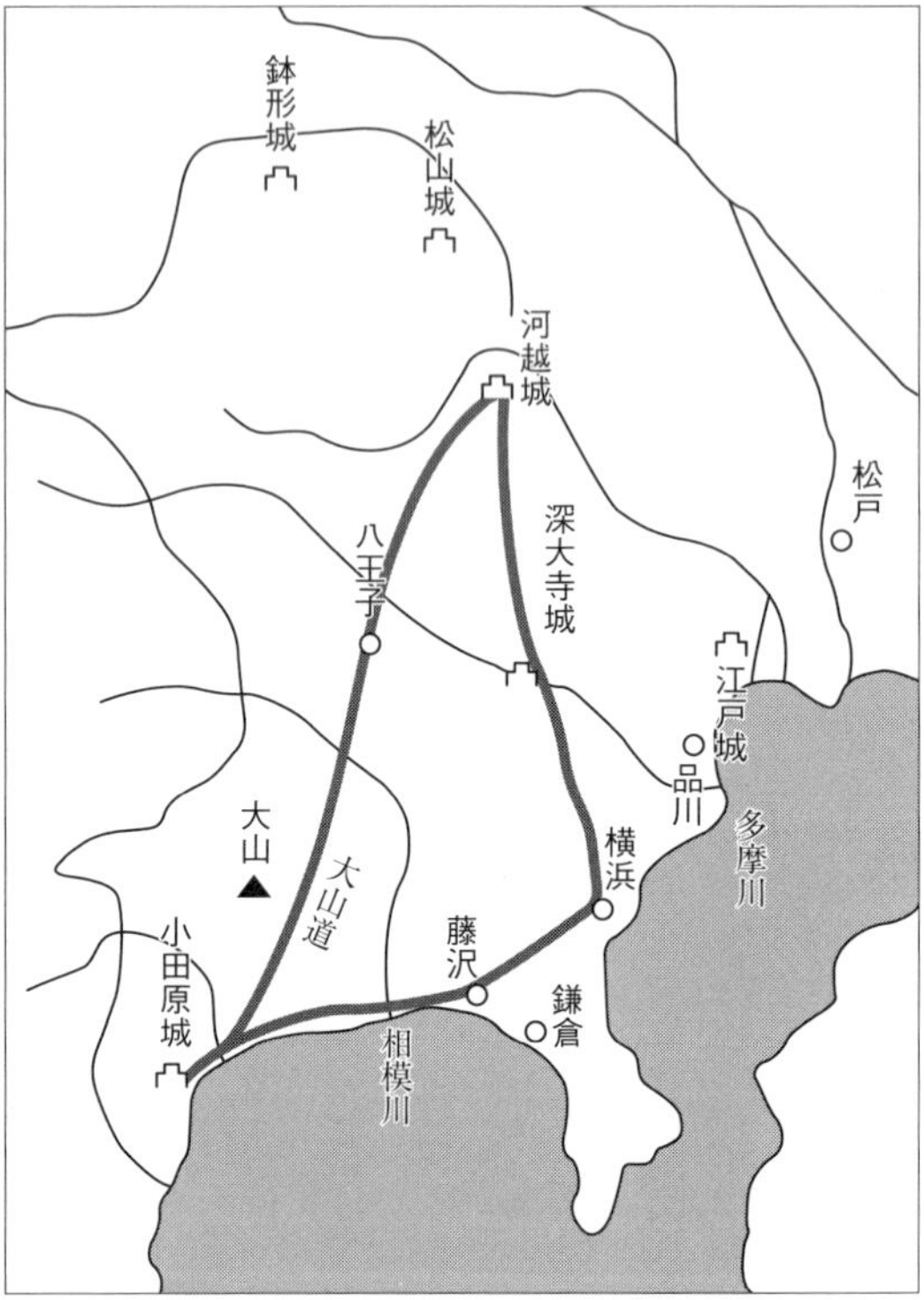


これより、各地間の直線距離は、おおよそ以下のようである。

◎小田原〜横浜間　五〇キロメートル
◎横浜〜調布間　二〇キロ
◎調布〜河越間　三〇キロ

◎小田原～河越間　八〇キロ

直線距離ではあるが、比較的短距離であるので移動所要日数などは容易に推定可能である。

小田原から河越までは一〇〇キロ以下であり、二日もあれば十分に到達可能であると推定される。これは、小田原から横浜（神大寺近辺）を経由して、調布（深大寺近辺）経由河越に至ってもそれほど大差はないと考えられる。当時の軍勢の移動速度は不明であるが、一日当たり五〇キロというのは、あながち不当な距離ではなかろう（直接関係はしないかもしれないが、当時の歩き方は「ナンバ歩き」とも言われる歩き方で、手と足が、現代と違い、同相の歩き方であるが、帯刀した武士は手を動かさず、肩と足が同相となっていたようである。この歩き方は現代よりもより合理的な歩き方で、速度が少し速かったようである。なお、「ナンバ」は、南蛮からきたとも言われている。筆者が本原稿執筆中〈二〇一九年三月一日〉に観た邦画『サムライマラソン』の中で、江戸時代の〝遠足《とおあし》マラソン大会〟であるが、この中で速く走るための「ナンバ走り」が登場していた）。

進攻ルートについての詳細は戦国時代の街道図などで大まかな検証は必要であろうが、所要日数のみではなく、ルートを考えるうえでは数日間にわたった進攻と戦であった訳で、兵站（物資の補給や食事、宿泊など）も考慮する必要がある。

なお、これはあくまで直線距離であり、戦国時代当時にどのように街道・間道などが

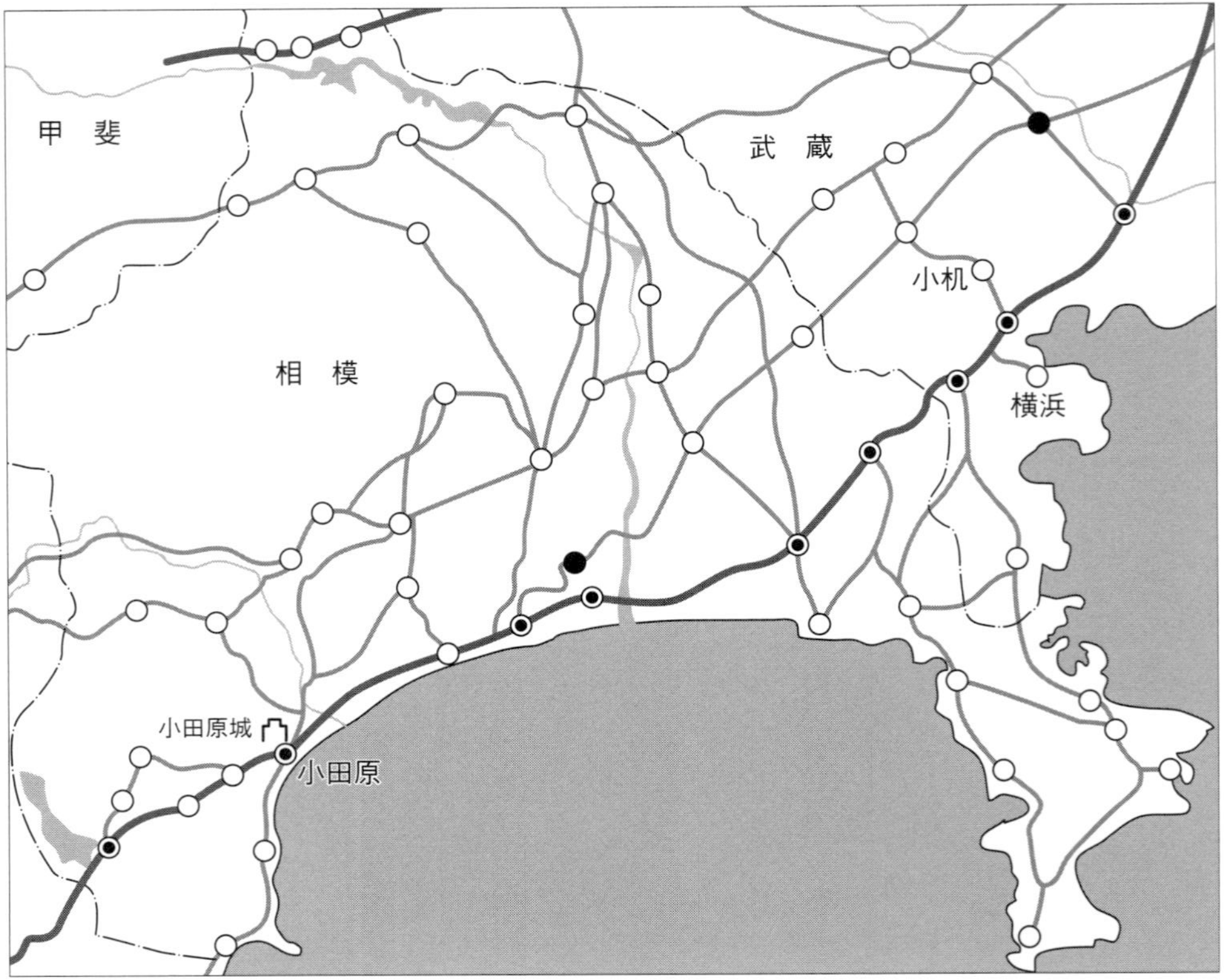


江戸時代初期の脇街道

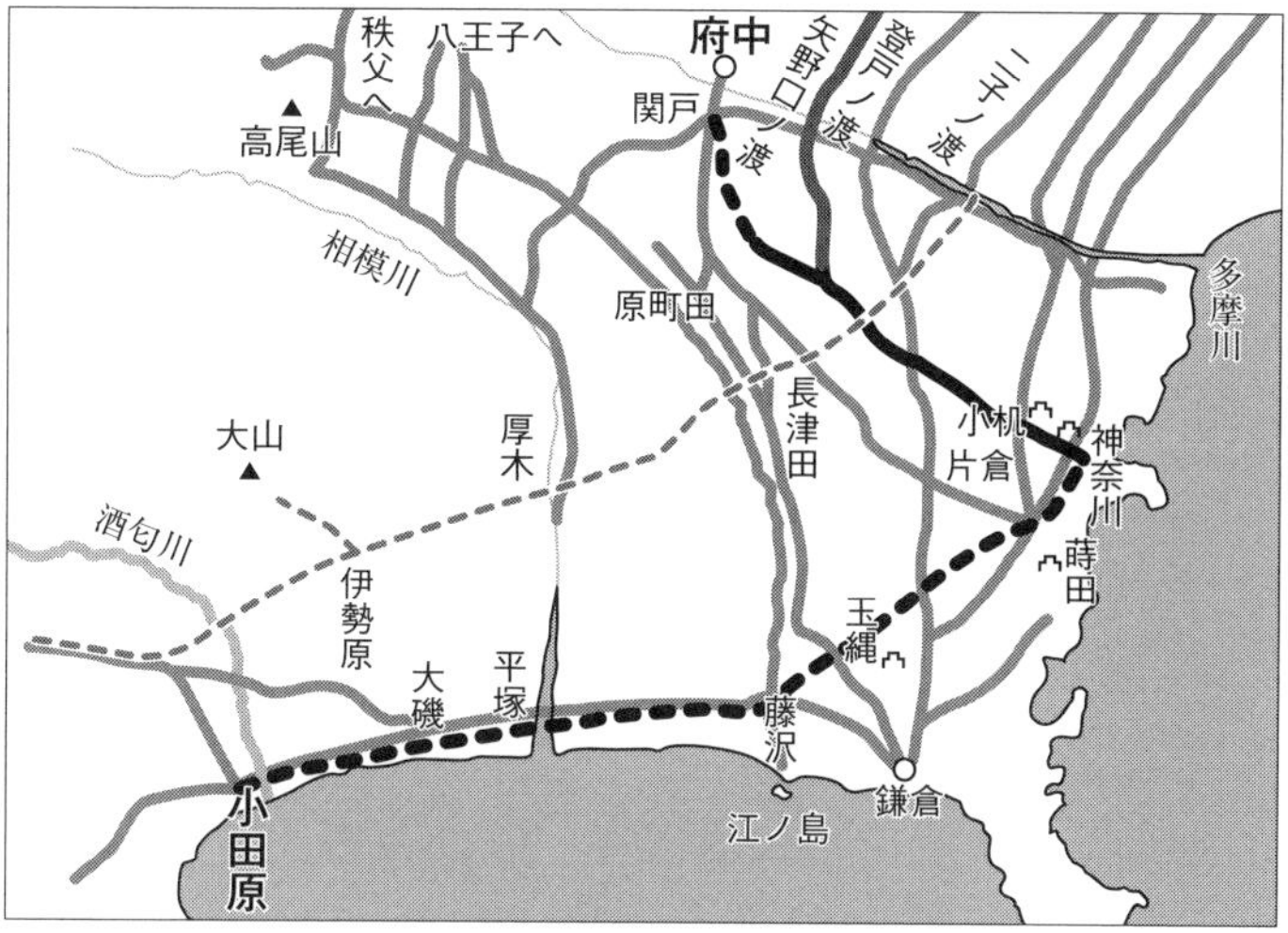


中世・近世相模藩国の古道

あったかも重要な観点であろう。

戦国時代の街道（上道や下道など）については、少なからず研究が為されており、前頁に江戸時代初期の街道図を示す。江戸初期であるので、戦国時代の後期と大きな差異はないであろう。

ことに、小田原から横浜に至るのは東海道であり、小田原から神奈川（神大寺近辺）に至るルートはほぼ一本道である。さらに、神奈川から小机、川和を経て矢野口の渡しを経て調布（深大寺）に至るルートは神奈川道と呼ばれ、上の地図（『鎌倉街道Ⅳ　古道探訪編』参考）でも見る通り、現代でも存在を確認できるルートである。

小机には大永四年（一五二四年）には北条氏綱が江戸からの帰陣の際に、家臣笠原信為に命じて小机城普請を行っており（小田原記）、この天文六年（一五三七年）には、この小机城と神奈川地区に北条氏が築城した諸城との道路ネットワーク（連絡路）が出来上がっていたことは容易に想像できる。また、神大寺城（神奈川区）が小机城出城であったと言われていることを考え合わせると、この武蔵南部橘樹郡の神奈川道は、進攻ルート確保のための道としては十分であったと考えても問題はないであろう。

また、調布近辺から府中を経て河越に至るルートは「東山道武蔵道」などが考えられるが、ここではそれほど重要な意味を持たないので、これ以上詳しくは述べない（江戸経由のルートも考えられる。すなわち、兵站を考慮すると、当時北条氏が支配していた江戸城経由も十分に考慮に値するであろう。また武蔵東部には上杉氏の影響も残っていたであろう）。

以上検討してきたように、小田原から神奈川（神大寺近辺）、調布（深大寺近辺）に至るルートについてはそれほどの議論は必要ないであろう。

それでは、「先カケ」の部隊、第一隊はどのようなルートを辿ったであろうか。ここで、一点、考慮すべきは、河越城は敵上杉氏の本拠地であり、総大将上杉朝定は横浜に出張しており、この河越城への道を北条勢が暫し抑えておくことは重要であったであろう。これは、北条氏綱が横浜で戦に及んでいる訳で、例えば、河越城からの上杉朝定への援軍を阻止する意味があったかもしれない。

そのためには、小田原出向後、早く河越に到着する必要もあったであろうし、このためには敵・上杉勢との接触も避けたいところだっただろう。そうだとすれば、武蔵東部の未だ上杉氏の勢力の残る地への進軍は避けたかったであろうし、避けるべきでもあっただろう。

このような観点から筆者は、当時既に信仰の対象として源頼朝以降、徳川時代までの武将にも厚く信仰された大山阿夫利神社《おおやまあふりじんじゃ》への参詣道を有力な候補として提案する。以下、簡単に、大山阿夫利神社及び大山道について紹介する。

大山阿夫利神社は、神奈川県伊勢原市の大山（別名：雨降山《あふりやま》）にある神社である。「阿《あ》武《ぶ》利《り》」とも表記する。『延喜式神名帳』に小社と記載された相模国の延喜式内社十三社の内の一社である。

大山阿夫利神社は、社伝によると崇神天皇の御代に創建されたとされる。

延喜式神名帳では「阿夫利神社」と記載され、小社に列している。天平勝宝四年（七五二年）、良弁により神宮寺として雨降山大山寺が建立され、本尊として不動明王が祀られ

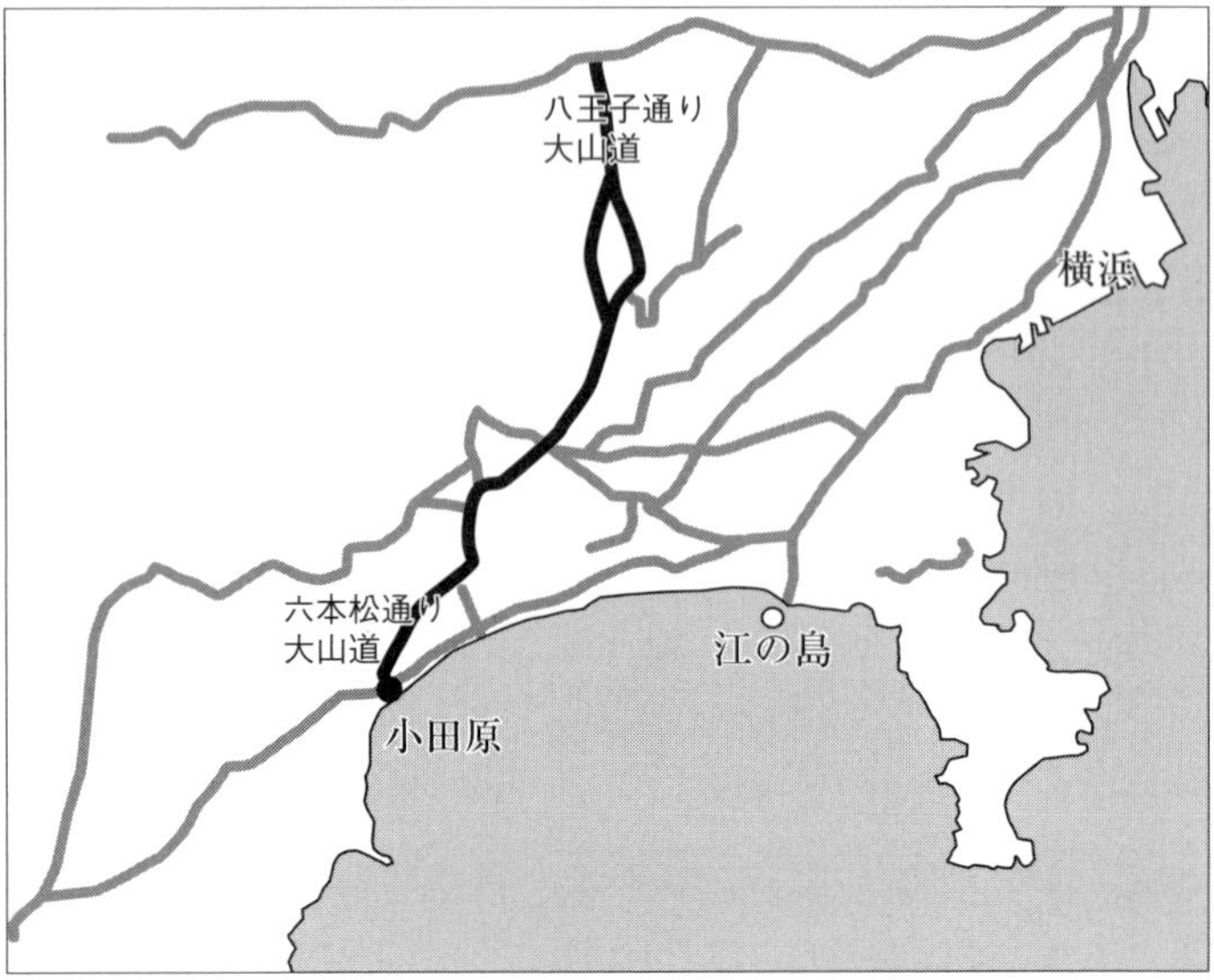


大山道

た。以後、神仏習合が続く。中世以降は大山寺を拠点とする修験道（大山修験）が盛んになり、源頼朝を始め、北条氏・徳川氏など、武家の崇敬を受けた。江戸期以前の神仏習合時代には、本社には本来の祭神である石尊大権現（山頂で霊石が祀られていたことからこう呼ばれた）が祀られていた。大山は山上によく雲や霧が生じて雨を降らすことが多いとされたことから、「あめふり山」とも呼ばれ、雨乞いの対象としても知られていた。

大山道は、主に、関東各地から相模国大山にある大山阿夫利神社への参詣者が利用した古道の総称である。また、大山道は小田原から八王子に向かうルートと、府中に向かうルートがある。まあ、どちらを取ったとしても、北条勢の河越直行部隊には距離的な大きな差は見られない。したがって、これ以上詮索はしない（ただし、武蔵国の上杉勢のテリトリーにより近い、東側ルート〈府中経由〉は避けたかもしれないことを付記する）。

以上、北条氏と上杉氏の戦いについて、特に、北条氏の小田原からの進軍経過を詳細に検討した。その結果として、

（一）北条軍は少なくとも二隊に分かれて進攻した
（二）第一隊（先カケ隊）は上杉氏（朝定）の拠点である河越城に直行した
（三）直行した第一隊は、大山道を北上した（早く河越に到着すること、道中での上杉勢との衝突を避けることが重要であった）
（四）北条氏綱を総大将とする第二隊は、北条爲昌書状を受けて、横浜・神奈川に（古城〈神大寺城〉跡に要害・砦を築き、六月二八日に出張した上杉朝定を討つべく）出向した
（五）神奈川（神大寺ノ原）で北条氏綱と上杉朝定が合戦し、上杉勢は河越城に出奔した
（六）北条氏綱は北上し、深大寺に立て籠もった上杉勢と戦闘があり、上杉勢は蹴散ら

された
（七）その後、北条氏綱は河越三木に赴き、第一隊と合流した
（八）河越三木で北条軍と上杉軍は戦闘し、上杉朝定は敗走し、松山城に出奔
といった流れとなった。

■第７章

# 結論と仮説の提唱

## ——深大寺城から神大寺城へ

前章まで、複数の観点から、天文六年の「上杉朝定の取立てた古城」比定のための古文書を中心として次のような比較評価を行ってきた。

（一）一九個の古文書の記述調査による『深大寺城』と『神大寺城』の比定地としての妥当性比較評価と従来説の検証
（二）歴史的かつ時代的背景からの比定のための考察
（三）戦略的見地からの比較評価

（一）においては、『神大寺』を【じんだいじ】と読み、そして『深大寺』としない限り、量的にも『神大寺』を「古き古城」と比定する方が合理的である。
今仮定した読みと置き換えに妥当性があれば評価結果は当然ながら逆転することになる。既に述べたように、この一連の読みから漢字の置き換えには古文書の調査結果を見る限り特に根拠がある訳ではない。これを正しいとするなら、明らかに、含まれた文章の何処かに『深大寺』と確実に解釈される場面において、『神大寺』と記されているといった状況があると知る必要があろう。さもなければ、第三章で述べた逆の論理、即ち、『深大寺』→【じんだいじ】→『神大寺』という置き換わりも〝あり〟である。二つの考え方がある場合、根拠なく一方が優位、というのは合理的見地ではない。

さらに、別の数個の古文書には、『片倉神大寺』とあり、これを『深大寺』とは強弁できないこと。、また、「上杉朝定」と「北条氏綱」との『神大寺ノ原』における戦闘があったという記載が残されていることも、比定地を『神大寺城』とする根拠の一つになっている（実際に神奈川区には捜しても「神大寺ノ原」という地名のついた場所はない。但し、これは、他の戦闘の場合を見ても、地名に原を付けているケースが多いことで説明した通りである）。

結局、『神大寺』をすべて【じんだいじ】と読む訳にはいかない。そう読めるというだけである。

（二）では、それぞれ『深大寺』も『神大寺』もある程度北条色が濃く、このことが、比定地を決定するほどの要因にはならない。さらに、この戦国時代の両城の歴史的な記録がほとんど残されていないことや、発掘などの調査によっても比定を決定づけるような証拠も得られていない。

（三）では、戦略的に考察を加えてみたが、『上杉朝定』は、決して北条勢からの守りを固めるために古城を取立てた訳ではない。父『上杉朝興』の遺言に従い、父の負け続けた恥辱をそそがんがために、『北条氏綱』を亡き者にしようと攻め入らんとした戦であったことが重要であると指摘した。そのために『北条氏綱』の居城である相州小田原を窺うのに好都合な場所を選んだに違いない。この見地から、東海道に沿った『神大寺城』こそ相応しいと思われる。

以上をまとめて本書における結論を導くと、もう読者にはおわかりのように、従来説の『深大寺城』が「古城」であるとする根拠はほぼないに等しい。一方、『神大寺城』はあらゆる角度から見て比定地とするに合理性があり、特に否定すべき材料も見当たらない。ここで、従来説（むしろ定説として多くの書物等で扱われてきた）『古城は深大寺城』は否定せざるを得ない。

さらに本書では、当然の流れとして、「では、神大寺や神大寺城は何処の場所にあったのか」という疑問についても検討を進めた。その結果、古地図を基に、神大寺の当時の所在地が明らかになった。この比定結果は、現代に残っている地名との相関が明確に取れ、何ら矛盾なく受け入れられるものである。

この神大寺の比定結果は、容易に神大寺城の比定へと導いた。その地は、約六〇年前に太田道灌が陣を休めた地と一致するのである。ここでのポイントは水と地勢であった。


結論を述べただけでは片手落ちなので、何故従来説が生き残ってきたかに触れてみたい。

まず、読みと漢字の当てはめについては、古代から現代に至る過程でしばしば行われ、格段、根拠に触れずに『神大寺』にルビを振り【じんだいじ】としているが、さらに明治時代などに「武蔵府中深大寺である」などと解説を付加しているケースが見られる。これらは、おそらく安易に継承され、「赤信号皆で渡れば式」ではないが、第三章でも述べたように、無批判のまま定説として定着してきたことによるものではないだろうか。また、都合の悪い記載などには目もくれない、即ち、言及もないという世界なのである。これは、『深大寺城』説にとって受け入れやすい史料のみで定説を補強しようとする意図が感じられるのである。実際、現代における種々の書籍の記述を見ると、定説から出発するのみで、時間が経てば経つほど何やら定説が「より定説とさえなり、恰も真説であるかのような」状況を生み出している。

ここで触れておかなければならないのは、市井の声である。本書の主題である「古城」の比定については、インターネットを検索すると、過去において、横浜市民と思われる複数の方が「深大寺城説」に疑問を投げかけておられる。いや、「神大寺城説」の正当性を主張しておられるのである。その主張は主として、本書でも取り上げている古文書などの一部の史料を基にである。筆者がそのような記事に触れることにより、本書で書いたような、総合的な比定のための調査検討を試みるきっかけを得たのは事実である。その意味でも、その方々に謝意を表したい。どうやら歴史を語る世界は閉鎖的で、定説に対するチャレンジはあまり歓迎されないようである。〝お上に従う〟または〝権威に弱い〟日本的発想はここでも生きているようである。また、「専門家が言ってるのだから……」という思いでもあろう。

本書の原稿もいよいよ、最終校正の段階となった。これまで書いてきた内容でいいはずだ、と思いながら、ふと、インターネットを検索中に、『天文記』という文書があることに気づいた。「天文」と言えば、まさに、これまで書いてきた時代のことである。そこで、この文書が〝国立公文書館デジタルデータ〟として公開されているので、早速、内容を見ると、まさに、テーマとしてきた天文六年前後についての記載がある。また、これは『快元僧都記』とほぼ同一であることが判明した。

さて、仔細に読んでみると、天文六年七月の項に、

「十一日　氏綱武刕出陣」

とある。

これは、「武州を出陣」とも読めるのではないか、という考えが浮かぶ。これまで「小田原から武州に出陣」という思い込みが頭の中を支配してきたような気もする。

当時、北条氏の有力な城であった【玉縄城】（鎌倉市玉縄地域）は、幼少の爲昌（氏綱の次男）が城主となったために、氏綱は小田原城とこの玉縄城を往復して政務していたとされている。

すなわち、天文六年七月十一日の氏綱出陣は、武州＝玉縄城である可能性も十分「あり」なのである。もし、この説をとれば、上杉朝定が横浜・神大寺に城（砦）を築くのも大いに頷けるのである。両者は十数キロしか離れていない。まさに、上杉朝定は、氏綱の喉元にいたわけである。

また、これまで記述した『鎌倉九代記』『小田原記』には、同十一日に【神大寺之原での戦い】と【深大寺の堂に籠った上杉勢との戦い】の二つの戦闘があった。これらが、【武州＝玉縄城】説なら、時間的にも何ら無理なく、より自然に説明が可能なようでもある。

しかし、以上を検証するためには、さらに詳細な調査検討が必要であるが、時間的制約もあり、本書ではカバーしきれない。そこで、これについては、指摘に留め、将来の解明に期待したい。なお、いくつかの注意も必要である。

①玉縄城は武州としていたか

②北条爲昌書状（三澤九郎への書状）との関連。すなわち、当時、三澤九郎なる家臣がいずこにいたか

などである。

本章を締めくくるに当たって、これまで調査検討してきたものを基に、天文六年四月の上杉朝興逝去以降から、上杉朝定討死に至る一連の流れを日記風に整理しておきたい。なお、重点は河越三木における合戦までである。また、この後河越夜戦において、扇谷上杉氏の滅亡に至る過程である。後の検証が容易になるようにという配慮でもある。なお、これは第五章で述べたものに追加または略記を施したものである。

《後北条氏と扇谷上杉氏の争いと滅亡に至る流れ》

◎天文六年（一五三七年）四月二七日、扇谷上杉朝興薨る。遺言して北条氏綱を亡き者とし、恥辱を雪ぐべしと。

▼着手日時は不明

（以降）神大寺の古城を取立、これを完了。

小田原（相州）に攻め入る準備をした。

▲完了日時は不明

◎同年　七月三日付北条爲昌書状にて、扇谷上杉勢が神大寺へ陣を寄せたことを報告。

◎同年　六月二八日、扇谷上杉朝定軍出張し、橘樹郡神大寺に至る。一部軍勢は深大寺へ出向。

◎同年　七月一一日、北条氏綱相州を出馬。北条氏綱隊は神大寺に至る。もう一隊は先駆部隊であり、川越に出張。

◆神大寺ノ原で上杉朝定勢と北条氏綱勢が合戦。

上杉朝定勢河越城へ出奔。

◎同年　七月一一日、北条氏綱勢、

◆深大寺の堂に立て籠もった上杉朝定勢と戦い追い散らす。北条氏綱河越に進攻する。
◎同年　七月一五日、北条氏綱逆寄せに河越三木にて先駆隊と合流し陣を張る。
◆河越城兵城外に出て戦う。大将上杉朝成、北条勢に捕わる。上杉朝定松山城に出奔。
北条軍、河越城を奪う。その後、北条綱成が城代となる。
（この後、何度かの戦を経る）
◎天文一〇年七月一九日、北条氏綱薨。
◎天文一五年四月二〇日、俗に言う、
◆河越夜戦にて上杉連合軍破れる。上杉朝定討死。
（扇谷上杉氏ここに滅亡）
◆山内上杉憲政上州へ出奔。
◆後、さらに越後に落ち延び、山内上杉家宰・長尾景虎に庇護を求める。
◎永禄四年　長尾景虎、上杉憲政養子となり、家督を相続、上杉謙信景虎の誕生。

以上で、提唱する北条氏と上杉氏の動き・流れの記述を終える。これらは、これまで見出された多くの文書から、筆者の推理も含めて構成したものである。組み立てていく過程で、矛盾を来すことがないだろうかと慎重に気を配ったつもりだが、特に不都合や不合理な点は発見されなかった。見る限り、北条氏綱は相州を発向後、神大寺、深大寺と北上し、上杉朝定を追い詰めていった様子が蘇る。

なお、直接何ら関係ないが、話題を一つ……。

この上杉朝興（朝定の父）の娘は、かの『武田晴信（信玄、「信玄」は出家後の法名）』の正室として嫁すが、一年後に（妊娠していたが）死亡した。その後、継室として左大臣・三条公頼の娘である三条夫人を迎えている。なお、かの有名な湖衣姫・諏訪御料人は天文一四年、一四歳の時に信玄の側室となり、甲府の躑躅ヶ崎館に迎えられたという。

さらに、北条氏康は河越城の救援に向かう際には、武田信玄と和睦を結び、休戦して河越での戦に臨んだ。策士北条氏康全開である。

こうして、関東を俯瞰する戦国大名たちが一堂に会してきたのである。

関東は北条氏が覇権を握る結果となり、北条氏・上杉氏・武田氏・今川氏など役者が出揃い、京を目指した戦国大名の熱い戦いと駆け引きが行われたのである。

一方、那古野（名古屋）には、織田信長が彗星の如く現れ、世は天下統一に向けて大きく踏み出し始めた。もちろん北条氏綱と上杉朝定が初めて激突した天文六年（一五三七年）には、木下藤吉郎が産声を上げたのであった。

■第8章

# 関東覇者・北条氏について

近年、後北条氏の業績についても語られることが多い（以下は『第三〇回企画展　後北条氏と河越城（川越市立博物館・平成一九年）』及びインターネットでの記事を参考）。

後北条氏は、小田原城を中心とした本城・支城体制を確立した。各城には位が付けられ、城主には勲功によって昇格や降格、配置換えを行うという近代的な制度だった。

最盛期の後北条氏には、一〇万の軍勢の動員をも可能とした戦力があった。この軍事上の優越とともに、東北の伊達政宗、東海の徳川家康、中部の織田信雄、四国の長宗我部元親などとの外交上の連携をもって、後北条氏は関東自立を目指していた。

後北条氏はまた、内政に優れた大名として知られている。早雲以来、直轄領では日本史上最も低いと言われる四公六民の税制を敷き、代替わりの際には大掛かりな検地を行うことで増減収を直に把握し、段階的にではあるが在地の国人に税調を託さずに中間搾取を排し、また飢饉の際には減税を施すといった公正な民政により、安定した領国経営を実現した。江戸期に一般化する村請制度のさきがけと言える。

また、家督を継承するに当たっては、正室を重んじることにより、廃嫡騒動やそれに起因する家臣団の派閥化といった近隣諸国では頻繁に見られる内部抗争や離反を防ぐことに成功。さらにその結果として宗家のほとんどが同母兄弟となり、そのもとに構成された一門と家臣団には強い絆が伴った。

東国において、古河足利氏、両上杉氏、佐竹氏など血統を誇って同族間での相克を繰り返し国人の連合を戦力とした旧体制に対して、いわゆる小田原評定による合議制や虎の印判による文書発給など創業時の室町幕府系家臣団由来による制度の整った官僚制をもって力を蓄えた。氏康から氏政へ代替わりする頃、飢饉と疫病の流行があり死者が続出。永禄三年（一五六〇）、氏政の名で徳政令を出し社会状況の改善を図ったという施政も見受けられた。


北条氏康は河越夜戦の後、功績のあった北条（福島）綱成に河越城を預けるが、間もなく、老臣大道寺駿河守政繁を城代とし、城を拡張するなど防備をより強固なものとした。大道寺氏は、山城綴喜郡大道寺村の出身で初代が伊勢宗瑞に仕えたことに始まる、駿河下向以前からの家臣である。

また、領国体制の整備に着手した北条氏は検地を実施して税制を改革したり、伝馬制度を整備したりするなど民政にも力を注いだ。

河越城が支配を管轄した地域は、入間川・越辺川《おっぺ》流域以南の入東郡《にっとう》・入西郡《にっさい》・高麗郡《こま》の一部を含んだ。北は高坂郷（東松山市）、西は葛貫《つづらぬき》（毛呂山町《もろやま》）、東は伊豆丸（川島町）、

南は棟岡《むねおか》（志木市）にわたるものだった（上の地図参照）。

また、河越城には特定の軍団が配属されていて、それらは「河越衆」と称されていた。時期によって変遷はあったが、永禄二年（一五五九年）の役帳では大道寺周勝《かねかつ》・山中頼次をそれぞれ寄親《よりおや》（指揮官）とする軍団により構成されていた。

なお、山中衆（山中氏の衆）は、天正一〇年（一五八二年）頃には当主直属の御馬廻衆に編成されているから、その頃は大道寺衆（大道寺氏の衆）のみで「河越衆」を構成していた。複数の軍団で構成される場合もあったが、軍事の指揮は城代の大道寺氏が担った。従って、北条氏の河越地域支配は軍事・行政ともに実際には城代大道寺氏により担われた。

このため、北条氏の河越支配を示すものの多くは、実際は大道寺氏の発給した文書によるものとなっている（『第三〇回企画展　後北条氏と河越城』参考）。

各村への課税は、検地に基づき決定された。

同様のことは、城下に当たる河越宿でも見られ、永禄四年（一五六一年）四月、大道寺周勝は有力町人で被官になった清田氏を商人問屋に任じている。このように宿の維持や公金の管理・運用を任されていたことが知られている。こうしたことから、北条氏の地域支配そのものが、それら村・宿のまとまりや、有力者の力量に大きく依存していた。

北条氏四代目氏政、五代目氏直の時代は、上野国方面を中心に、領国の範囲はさらに拡大した。この頃は、東国や畿内でも大きな変化が起こり、特に、天正一二年（一五八四年）の徳川家康と豊臣秀吉による小牧・長久手の合戦以降、時代の流れは北条氏政・氏直父子に大きな影響を与えた。秀吉はこの合戦後関白職に就くなど天下人としての地位を築いた。一方の家康は秀吉へ臣従し、秀吉の下で働くことになった。家康と領地を接していた氏政・氏直親子は秀吉の圧力を直接受けるようになった。天正一四年（一五八六年）秀吉は、関東地方を対象に『関東惣無事令』（私戦禁止令）を発し、東国への侵攻の構えを本格化させた。これに対し、氏政・氏直は、秀吉軍の襲来に備え領国内の軍事体制を強化した。

その一方で、秀吉との和平交渉も進めたが、天正一七年（一五八九年）一〇月に起きた北条氏邦（氏政の弟）の家臣猪俣邦憲による名胡桃《なぐるみ》城（群馬県沼田市みなかみ町）襲撃事件が直接の原因となり、秀吉は後北条氏討伐を決意し、翌一八年三月、秀吉は東国に向かって出陣した。この時の先陣は、秀吉の甥、豊臣秀次と徳川家康が務めた。秀吉は四月に箱根湯本の早雲寺に本陣を置き、約一八万の軍勢で小田原城を包囲した（一五万、二二万と諸説あり）。五月には前田利家を総大将とする北国勢、約三万五千も小田原城攻めに加わり、小田原城の四方を完全に包囲した。六月下旬には石垣山城に本陣を移し北条氏に圧力をかけ、七月上旬には後北条氏直を降伏させた。この小田原合戦で、後北条五代にわたる関東支配は終焉を迎え、関東の戦国時代は幕を閉じた。

小田原合戦の際、武蔵地方の諸城は、前田利家を総大将とする北国勢の攻撃を受けた。既に述べたように、北条勢は、八王子城における合戦などにおいて戦った。

しかし、この小田原戦においてもう一つ伊達政宗らの参戦も見逃せない点である。この辺りをもう少し述べてみたい（『北条氏五代と小田原城』山口博著・吉川弘文館、二〇一八年から）。

開戦時点で北条氏直と同盟関係にあったのは家康と里見義康（一五七三～一六〇三年・里見氏当主、義頼の長男）である。今や家康は豊臣軍の先鋒として小田原包囲軍に加わっており（秀吉と家康は小田原城に向かって「連れ小便」をしながら、家康に関東八州を与える約束をしているが、このエピソードは「関東連れ小便」と呼ばれている）、義康も四月に下総・相模三浦方面などに進み、翌月秀吉方へ参陣していた。

一方、北条氏直が最も支援を期待していたのは、出羽米沢城の伊達政宗であったという。天正一七年六月、会津の蘆名盛重《あしなもりしげ》を陸奥黒川城（福島県会津若松市）から迫って蘆名領を併合していた政宗は、秀吉から「会津を返還しなければ許容はない」と明言されていた。氏直と政宗の間には詞（誓いの言葉）の交換も血縁の取り結びも確認はされていないが、秀吉は小田原攻略後に奥羽を平定する考えであったから、対秀吉外交において、両者は一蓮托生の関係にあった。

秀吉が小田原攻めを決した後、天正一七年一二月頃から、北条氏は政宗への接触を活発化させ、翌年一月下旬には氏直の使者、月斎吟領《げっさいぎんりょう》（北条氏照の家臣）が米沢に入った。月斎は「出陣の噂があるので使者をお送りする。詳しい模様をお答え願えれば本望である」（伊達文書）と記された同一七日付政宗宛ての氏直直筆の書を携えていた。次いで三月六日にも政宗への進物を託された氏直の使者が政宗に接見し、八日には伊達方の歓待を受けている（伊達家と北条家は、政宗の父親である伊達輝宗の時代から同盟関係にあった）。いずれの場合も、秀吉への対応が協議されたことは間違いあるまい。だがこの間、前田利家・浅野長吉らも、政宗に秀吉への服属を頻りに促していた。

結局、政宗は五月九日、小田原の秀吉への参陣を決意し（政宗は秀吉の兵力を目の当りにし、北条家との同盟を破棄し、秀吉側についたようでもある）、生母保春院の暗殺未遂事件に阻まれながらも六月五日小田原に入る。秀吉は九日、一〇日と伊達政宗を引見、会津の没収を伝え、奥州の仕置き（管理・統治）を命じる。

こうして小田原城は包囲軍が迫りくる中、五月二二日には岩付陥落、さらに、鉢形・忍・八王子・津久井などの諸城の陥落も間近となった。そして、この後、氏康の妻・氏政の妻が覚悟の自害をしたとされ、早雲寺の宗普が秀吉との和平を主張し断食の末に果てたという。いずれにしてもこの頃から両軍の間には、ようやく講和に向けての交渉が進められることになった。

その後、織田信勝・徳川家康の意向により、信勝配下が小田原城内で氏直と対面した。しかし、交渉は不調に終わった。家康は韮山の氏規に「まず城を出て氏政父子の許しを請うのが専一」（北条文書）との書状を送っている。公式には、徹底抗戦を表明しながら、密かに講和の道を探っていた氏直であった。

次に、秀吉自身が動き、氏直の弟氏房に講和を打診させた。同日、秀吉と面識のある氏規が投降したことが契機とのことである。家康配下の井伊直政が（総構え）東北面の山王篠曲輪を六月二二日に攻略したことも影響を与えたようである。

その後の七月一日、秀吉への投降の意向を固めた氏直は「関白殿への出頭は、恐れ多いことだが、仲介の方々が手堅く段取りを定められたので同意した」（小幡文書）と伝え、仲介の黒田孝高（豊後中津城主）に家伝の名刀「日光一文字」、『東鑑（吾妻鏡）』などを贈っている。但し、その前日、斯波《しば》義近が「氏直父子が剃髪して投降し赦免を請いたいと申している」（伊達文書）と秀吉に上申したところ、秀吉は俄かに機嫌を損じ、斯波を追放したという。秀吉がどう対応するかは予断を許さない状況にあったようだ。

七月五日、降りしきる雨の中、氏直は氏房とともに城を出て滝川の陣所に入り自身の命に代え城兵を赦免するよう秀吉に嘆願した。

秀吉は、当初「許し申さず」（本願寺文書）と厳しい姿勢を見せたが、黒田らの進言を受けて、同日のうちに氏直の態度を「神妙」として赦免し、氏政・氏照らに切腹を命じた。氏直が家康の娘婿であったことも考慮されたらしい。

翌六日、片桐且元、家康配下の榊原康正らが小田原城に入り、入れ替わるように七日から九日にかけて籠城兵や町人らが城を出た。大きな混乱はなかったようであるが、後、一三日に秀吉が入城した。

氏政・氏照は、一一日の午後四時頃に切腹した。首級は京都に送られ、聚楽第の橋に晒されたという。

今述べたように、家康家中の井伊直政らが氏政の助命に動いたが実らなかったという。戦後の処罰により、北条氏第四代当主・北条氏政と弟の氏照は戦争責任を問われ切腹となったが、第五代当主・北条氏直は徳川家康の娘婿であるという所以から高野山での蟄居を命じられ、北条氏規（北条氏康の五男で氏政、氏照の弟）は和平に尽力し、秀吉とも会見をし講和に努めたという経緯から特別に許されたが、氏直に従い高野山に赴く。

天正一九年（一五九一年）二月、家康の取り成しで氏直は赦免され、五月に大坂に移る。八月に大坂城において秀吉から正式な赦免を受け、一万石の知行を拝領。しかし同年一一月、疱瘡を患い嗣子なくして三〇歳の若さで死去する。このため北条氏の嫡流は断絶したが、氏規の子・北条氏盛がその跡を継いで後北条氏の当主となり、氏直の旧領下野足利の四千石と、慶長五年（一六〇〇年）に氏規が没すると父が秀吉から拝領した七千石の領地も相続する。ここに氏盛は一万千石の大名となる。これが河内狭山藩の始まりである。

こうして、譜代大名として立藩した河内狭山藩は、減封に遭ったりしたが、転封されることはなく幕末を迎える。明治維新後は旧大名として当主の氏恭が華族に列せられ子爵となった。その後、後北条家当主の座を継いだ息子の雋八《しゅんぱち》は創価学会の推薦を受けて参議院議員となり、公明党結成に参加した。その甥（氏恭の孫）の浩も公明党の参議院議員を務めた後、創価学会の第四代会長となった。

北条氏康の娘である早川殿は、今川氏真《うじざね》との間に吉良義定の妻となる娘をもうけ、その子孫からは吉良義央《よしひさ》（上野介）が出た。義央の血筋は米沢藩上杉氏に受け継がれ、現当主の上杉邦憲氏（宇宙航空研究開発機構　名誉教授）やその長男の裕憲氏は氏康の子孫である。

傍系の北条綱成の子孫で、鎌倉衆を束ねていた氏勝は、小田原征伐の時に徳川家康に降伏、家康の関東入国以後はその家臣として仕え、下総岩富藩を立藩した。関ヶ原の合戦の後、岩富藩は一万石の譜代大名として存続。氏勝は養子として保科氏から氏重を迎えた。氏重はその後、下野富田藩→遠江久野藩→下総関宿藩→駿河田中藩→遠江掛川藩と移封され、三万石を領するようになるが、無嗣廃絶となる。氏重には女子が五人いたが、四女の子に後に名奉行として謳われた大岡忠相がいる。

氏勝の甥に当たる氏長は、幕臣として五〇〇石で登用された後、大目付となり北条流兵学を創始、五千石の大身旗本となる。

氏直の弟・直重は、後に千葉邦胤の養子となって千葉直重を名乗り、阿波の蜂須賀氏に仕官した。その後苗字は大石→伊勢と変遷しながらも幕末まで続いた。

氏康の子、北条氏忠の娘・姫路は毛利輝元に預けられた後、輝元の家臣の出羽元盛の次男が婿入して北条就之と名乗った。この家系は江戸時代を通じて長門萩藩士として存続し、幕末には長州藩大坂留守居役を務めた北条瀬兵衛（伊勢華《さかえ》）と、幕府咸臨丸に万延元年（一八六〇年）、幕府が安政通商条約批准のため新見正興をアメリカに派遣するに当たり、随行員としてポーハタン号に乗り組んで訪米した北条源蔵（伊勢煥《あきら》）の兄弟を出した。その他の旧家臣団の多くは徳川氏に引き継がれ、関東直領の経営を支えたほか、各大名家にも多くの人物を出した。

以上見てきたように、北条氏の系譜は小田原合戦以降も脈々と続いたようで、北条氏の家風や家格が偲ばれる。


なお、話は元に戻るが、北条氏直は秀吉との対決に向け武具などの調達も進め、大筒などの生産も行っている。籠城戦における飛び道具の有効性を認識してのことであろう。小田原城下で、天正一四年（一五八六年）に中筒、翌一五年には鉄砲、さらに一七年には大筒の生産を命じている。『北条五代記』に見える大鉄砲は、これらの大筒さらに中筒であった可能性が高いとのことである。以上、付記しておく。

■第9章

# 補足説明

## ——ある深大寺城説への批判

上杉勢による北条氏綱討伐の試みにおいて、古城の取立てにおける基本的な比定作業は、前章までの検討を通じて完了することができた。ただ、世の中に文書はまさに無数にある。新たな史料が見出されることもあれば、記載の発見があるかもしれない。本書を執筆中も引き続き図書館通いを続けていたが、この「深大寺城・神大寺城」問題に関わって、補足説明をした方がいいと思われることがあり本章を追加した。

そこで、一章を割いて、歴史を語る際の「からくり」の一例について説明したいと思う。ある文書に、珍しく神大寺→深大寺とする（読みの音から漢字を当てたとする）根拠について語っているものがあった。

『武蔵野歴史地理　第四冊』高橋源一郎編　一九二八年

【記述内容】（九六頁～九七頁）

ここに一異説がある。それは天文六年上杉朝定の築いたのは、此處なる深大寺城ではなく、橘樹郡小机の附近なる片倉神大寺であるといふのである。卽ち小田原記といふ書には、天文六年上杉朝定は片倉神大寺に要害を取り出城となしたと記してある。しかし此説は誤りであらう。當時北條氏の兵は多く江戸城に籠つて居り、小机邊は全く北條氏の勢力範圍であつたのであるから、上杉氏たるもの、彼の片倉神大寺まで出張して城を築き得る筈もあるまいかと思はれる。天文六年再興の深大寺城は、やはり此處のことであらう。

少し長いが、要は、敵の勢力圏に城など築くはずはないという主張である。しかし冷静に考えてみると、味方の勢力圏に城を築くというのもナンセンスではないだろうかという気がする。守りならばよい。奈良時代に白村江の戦いの後、唐が攻めてくるのではないかと、日本列島各地に防御のための水城などの城を築いたことなどである。これはあくまで「本土防衛」、即ち守りのためである。

上杉朝定の築城は、北条氏綱を成敗するために相州・小田原へ進攻するためのものである。自国の領土を防衛しようとしていたのではない。例えはよくないかもしれないが、朝鮮半島に進攻するのに、兵站上、国内に城を築くことはあるかもしれないが、攻撃のために日本列島内に城を造るなどあり得ないのではないか、ということである。これはあくまで戦略上の問題であるが、別の観点、即ち、既に述べたように、天文六年当時、多かれ少なかれ『深大寺』周辺も『神大寺』周辺も北条氏の勢力圏であったのである。

如何に北条氏とは言え、広大な武蔵国の隅々まで軍事的統治が及んでいたか、即ち、至る所に兵員が配置されていたかは疑問である。文書にもあるように、北条勢が上杉勢の「古城」取立ての情報を掴んでいたのである。

また既に取り上げているように、引用元の『小田原記』の記載は「片倉神大寺」であって、「府中神大寺」というようには書かれていない。もっと精緻な分析が必要だったのではなかろうか。このような、あまり根拠のない主張がその後の定説への布石となってしまうことも十分に考えられるのである。

以上が、編者高橋氏に対する反論である。為された主張に合理性はないと思われる。

次に、同書の別の部分の記述について示す。

【記述内容】（九九頁）
因みにいふ。深大寺の名の史書に見ゆるは此天文六年が始めではない。相州兵亂記には「永享十年公方足利持氏が上杉憲實征伐の爲武蔵府中高安寺に出張したる時、下總の千葉介胤直は之を諫めて用ひられず、其退軍の時今の南多摩郡關戸の山にて持氏の軍と分れ、手勢を率ゐて神大寺原に打つて出で下總国市川に陣を張る」と記してある。この神大寺といふも蓋し此地（筆者註：深大寺のこと）のことであらう。

この記事は「永亨の乱」について記述したもので、「神大寺原」を「深大寺原」と置き換えて読むことは特に根拠もないことであり、「だから神大寺と深大寺は混同されていた」という主張をされるのは理にかなっていない。何も必然性がないのである。もう少し分析してみよう。もし、そのような読み換えではなく、書かれた通り、「神大寺原《かんだいじ》」であり、これが前章まで議論していた橘樹郡（横浜市の）神大寺であるとする。実はこれは成り立たないのである。賢明な読者はもう気付かれたと思うが、横浜市の神大寺という地域が開かれたのは、小机辺が開発された後であり、「永亨十年」とは一四三八年である。小机が普請されたのは大永四年（一五二四年）以降であるから、当然この解釈は矛盾することになり、あの「神大寺《かんだいじ》」とすることはできない。とすれば、解釈としては「深大寺」なのであろうか。

今少し、『相州兵乱記』の記述を調べるに当たり、この「永亨の乱」についての軍記ものに当たってみよう。関連する軍記も少なからずある。取り急ぎ調査した軍記は次に示す五通りである。

・鎌倉持氏記

・永享記（結城戦場記）
・相州兵亂記
・關侍傳記
・足利治亂記

相互に関係があると考えられ、その意味で成立年が重要なポイントにもなる。同表から『鎌倉持氏記』が一見、最も古い成立年のように思えるが、先の一覧表を見る限り、引用関係はこの『鎌倉持氏記』が他軍記の引用元になっているとも考えにくい状況なのである。なお、ここで「永享の乱」について簡単に説明しておく。先を急がれる読者は次の説明はスキップして頂いて結構です。

【永享の乱】

永享の乱は、室町時代の永享一〇年（一四三八年）に関東地方で発生した戦乱。四代鎌倉公方足利持氏と関東管領の上杉憲実の対立に端を発する、室町幕府六代将軍足利義教《よしのり》が持氏討伐を命じた事件、戦いである。

四代将軍足利義持時代の応永二三年（一四一六年）には、前関東管領犬懸《いぬかけ》上杉氏憲（禅《ぜん》

秀《しゅう》）が足利持氏・関東管領山内上杉憲基に反して挙兵する上杉禅秀の乱が起きた。乱自体は幕府との協力で鎮圧されるが、乱後に持氏が残党狩りを名目として、京都扶持衆の宇都宮持綱などを粛清、さらに幕府の支援する佐竹与義《ともよし》を討伐するなど自立的行動が目立つようになり、幕府と鎌倉府は対立関係となる。義持の没後、弟の義教が六代将軍に就任すると、持氏はこれに反発し、一四二九年に元号が正長から永享に改元されても持氏は正長の元号を用い続けるなど、幕府に対する不服従の態度を示した。さらに持氏は関東管領の上杉憲実とも対立し、上杉氏庶流の上杉定頼・上杉憲直や直臣の一色直兼を重用するなど、独裁色を強めていった。

応永二五年（一四一八年）正月、管領の上杉憲基が若くして死去した。男子がいなかったので、越後守護上杉房方の子息孔雀丸が鎌倉に迎えられ、山内上杉家の家督を継ぐことになる。まだ九歳の少年だったが、間もなく元服して四郎憲実と名乗り、応永二六年、将軍足利義持から上野・伊豆の守護職に任命された（関東諸国の守護の任命権は基本的には将軍が握っていた）。形式的とはいえ関東管領の地位にあり、幕府の管領の支持を受けたりしていたが、少年なので花押が据えられない状況にあった。

鎌倉公方の足利持氏は憲実より一二歳年長で、二〇代の青年になっていた。管領が少年ということもあって、公方の発言権は一気に高まり、やがて強硬な行動に走ることになる。

かつての反乱に加担した大名や国人たちを、次々に弾圧していったのである。応永二九年（一四二二年）には鎌倉で佐竹与義を攻め自刃させ、翌年には常陸の小栗満重を討つため自身出陣、小栗城を落として満重を滅ぼし、さらに下野の宇都宮持綱も打ち取った。

永享七年（一四三五年）に持氏は軍事行動を始め、応永二六年（一四一九年）に関東管領に就任した上杉憲実は持氏を制止するが、持氏と険悪な関係となり、永享九年（一四三七年）に持氏が憲実を暗殺するという噂が流れると、双方の軍が鎌倉に集結して不穏な状況になった。『鎌倉持氏記』や『喜連川判鑑』には、持氏から憲実討伐を命じられた上杉憲直が六月一五日になって相模藤沢へ逃れたと記されるが、『永享記』には藤沢に逃れたのは上杉憲実であったとする。また、この時に憲実が兵を率いて藤沢にいた形跡があり、憲実と持氏の衝突は避けられない情勢となった。七月になって両者は持氏の妥協により和解するが、永享一〇年（一四三八年）六月、持氏が嫡子の賢王丸の元服に際し、将軍の偏《へん》諱《き》を受ける慣習を破って「義久」と命名。それを諫めた憲実と再び対立し、憲実は同年八月に分国であった上野の平井城に逃れる。持氏は憲実追討のため近臣の一色直兼に軍を与えて差し向け、自身も武蔵府中高安寺（東京都府中市）に陣を構える。そこで憲実は幕府に救援を請う。

幕府では、将軍義教が持氏の叔父に当たる陸奥の篠川公方足利満直や駿河守護今川範忠・信濃守護小笠原政康に憲実の救援を命じ、禅秀の子上杉持房・上杉教朝らをも含む幕府軍を派遣する。さらに越前・尾張・遠江守護斯波義健の後見人斯波持種・甲斐常治と朝倉教景も関東に派遣された。この時義教は朝廷の権威を利用して、後花園天皇に対し、三代将軍足利義満時代以来であった「治罰の綸旨」と「錦の御旗」の要請を行う。

九月二七日、今川勢は持氏方の軍勢を撃破して足柄山を越え、上杉持房も箱根の陣を破る。ほぼ同じ頃、信濃から上野国板鼻に入っていた小笠原政康は平井城に向けて北上する持氏方の軍勢を討ち破った。一〇月四日、憲実も平井城を出陣して一色軍を破った。さらに、鎌倉の留守を守っていた三浦時高が守備を放棄して退き、寝返って鎌倉へ攻め込んだ。劣勢に陥り、早川尻において兵の多くが戦死、逃亡した憲直、持氏は相模海老名まで退き、鎌倉へ落ちようとした。持氏一行は途中で憲実の家宰、長尾忠政（長尾忠綱の子）・及び重臣の長尾景仲の軍と出会い降伏、持氏は一一月に相模金沢の称名寺で出家する。一色直兼以下の持氏の近臣たちも称名寺に入ったが許されず、討伐軍に攻められ自害した。

憲実は持氏の助命と持氏の嫡子義久の鎌倉公方就任を嘆願するが、義教は許さず、さらに憲実の反逆を疑って重ねて持氏討伐を命じた。永享一一年（一四三九年）二月一〇日、憲実は居所を鎌倉の永安寺《ようあんじ》に移していた持氏をやむなく攻める。持氏と叔父の稲村公方足利満貞らは自害し、義久は鎌倉報国寺において自害した。

| | | | | | | | | | | | | | | | | | | | | | | | | | | | | | | |
|---|---|---|---|---|---|---|---|---|---|---|---|---|---|---|---|---|---|---|---|---|---|---|---|---|---|---|---|---|---|---|
| 鎌倉持氏記 | 千 | 葉 | 介 | 胤 | 直 | | | | | | | 神 | 大 | 寺 | 原 | | 打 | 出 | | | 下 | 総 | 國 | 市 | 川 | 在 | 陣 | | | |
| 永享記 | 千 | 葉 | 介 | | | 手 | 勢 | 引 | 具 | し | 、 | 神 | 田 | 寺 | 原 | へ | 打 | 出 | で | 、 | 下 | 総 | 國 | 市 | 川 | へ | 陣 | を | 張 | る |
| 相州兵亂記 | 千 | 葉 | 介 | | | 手 | 勢 | 引 | 具 | | | 神 | 太 | 寺 | 原 | へ | 打 | 出 | | | 下 | 総 | 國 | 市 | 川 | へ | 陣 | ヲ | 張 | |
| 關侍傳記 | 千 | 葉 | 介 | | | 手 | 勢 | 引 | 具 | し | て | 神 | 太 | 寺 | 原 | へ | 打 | 出 | で | | 下 | 総 | 國 | 市 | 川 | へ | 陣 | を | 張 | る |
| 足利治亂記 | 千 | 葉 | 介 | | | 手 | 勢 | 引 | 具 | し | 、 | 神 | 太 | 寺 | 原 | へ | 打 | 出 | で | | 下 | 総 | 國 | 市 | 川 | へ | 陣 | を | 張 | る |

若干長い説になったが、戦国時代前の上杉氏の様子、幕府との関係などが窺えることもあり記した。

次頁の表に該当部分の記述内容を掲載した。例によって、ここに挙げた軍記は互いに引用関係にあると考えられ、その意味で成立年が重要なポイントにもなる。同表から、『鎌倉持氏記』が一見、最も古い成立年のように思えるが、先の一覧表を見る限り引用関係は、この『鎌倉持氏記』が他軍記の引用元になっているとも考えにくい状況である。

そこで、神大寺原の記述部分のみを取り出して枡目で整理して比較したものが、上の図である。

ご覧頂けるように、奇妙な符号が存在する。即ち、『永享記』『相州兵亂記』『關侍傳記』『足利治亂記』の四文書の記述は、ごくささいな助詞の違いを無視すれば同一なのである。

この四文書の中で一番古いと推定されるのは『永享記』であり、記述が同一ということは三文書は『永享記』に倣って記載したものと思われる。

| 文書名 | 記述内容 | 成立年 | 考察・備考 |
|---|---|---|---|
| **鎌倉持氏記** | 「千葉介胤直神大寺原打出下総國市川在陣」 | 宝徳三年（1451年）浅羽民部少輔なる人物が8月に鎌倉公方足利持氏の最期の日記として書き留めたもの | 永享の乱・結城合戦を描くすべての軍記の源流になったことが梶原やその後の佐藤の研究でほぼ確定的となっている。特に『鎌倉持氏記』に直接依拠、あるいは強い影響を受けたとされる軍記は、以下の通りである<br>『永享記（結城戦場記）』<br>『足利持氏滅亡記』永享の乱の部分は『鎌倉持氏記』がもとになったとされる |
| **永享記**（結城戦場記） | 「千葉介手勢引具し、神田寺原へ内出で、下総國市川へ陣を張る」 | 康正元年（1455年）以後の成立 | 『持氏記』は、本書と同文だが、『持氏満貞御最期の事』までの前半六章のみ。また、本書の一部を流用した派生的な作品と考えられるものは、『北条記』『相州兵亂記』『足利治亂記』などがある（室町軍記総覧） |
| **小田原記**（北条記） | 記述なし | | 本書は永享記考察に取り上げられているため記載 |
| **相州兵亂記** | 「千葉介手勢引具神太寺原へ打出下総國市川へ陣ヲ張」 | 天正8年（1580年）以降と推定される | |
| **關侍傳記** | 「千葉介手勢引具して神太寺原へ打出で、下総國市川へ陣を張る」 | 江戸時代慶長の頃 | |
| **足利治亂記** | 「千葉介手勢引具し、神太寺原へ打出で下総國市川へ陣を張る」 | 不詳 | 記述は『永享記』と一字一句違わないことから相互に関係が深いことがわかる。史料的な価値は低いとも言われる |

『鎌倉持氏記』とは、記述が引用元とするには異なり過ぎているのである。これまで、『鎌倉持氏記』が、永享の乱を起点に実録的な系列の諸書の源流となったに違いないとされている（『室町軍記総覧』昭和六〇年刊など）。しかし、ここで取り上げた記述を見ると、『鎌倉持氏記』に他の文書が倣った文章にはなっていないように見受けられる。この点については別の機会に触れてみたい。

では、このことを頭に入れた記述の詳細を見る。原文であるべき『永享記』では「神田寺原」とあるが、他の三文書ではこれがすべて「神太寺原」と変化しているのである。これまでの議論が成り立つとすれば、誤写の連鎖である。これら三文書にどのような前後関係や引用関係があるのかは現時点では不明であるが、どうやら、前章までに見てきたように古文書は信頼性という観点では評価が非常に難しい。

ただ、この検討で明らかになったことは『相州兵亂記』についての高橋氏の主張はさらに慎重な対応が求められるという事実であり、「神大寺」の読み替えによる「深大寺」という説は必ずしも論拠を持っていないということである。

もう一点、既に指摘をしてきたことであるが、一つの古文書だけで歴史を判断することの危険性である。同様の史実が数多くの史書で記載されると、恰も〝伝言ゲーム〟のような伝達ミスが入り込んでくる余地が大きくなってしまうということであろう。これは、最早、伝承の域であり、記録としての史書の価値は半減する。

ここではこれ以上の分析は行わないが、残る疑問点もある。

①何故三文書ともに同じ「神大（太）寺原」と変化したのか？

②『鎌倉持氏記』と『永享記』のいずれが正しい記述なのか？　もし、『鎌倉持氏記』が先に書かれているとすれば、これまでの議論とは異なった結論に導かれる可能性が大きい

③もし『永享記』の記述が正解とすると、「神田寺（原）」は存在するか？

などである。

もう一点、記述「其退軍の時今の南多摩郡關戸の山にて持氏の軍と分れ、手勢を率いて神大寺原に打つて出て下総国市河に陣をはる」とある。深大寺は関戸と比較的近距離であるので、二つの解釈ができるとも考えられる。

一、すぐ近くに敵もおり、打って出て、その後に下総に進軍して陣を張った、というもの

二、下総に陣を張ったということは、関戸から、その道中となる場所で陣を張っただけ

で、特に、「深大寺原」の読みから漢字を当て字したという過程は必要ないという考え方

両者ともに、特に内容を否定する材料は持ち合わせていないが、一はやはりいつもの変換手続きを踏まなければならないこと、及び、高橋氏の解釈の前提となっている『相州兵亂記』が参照しているという『永享記』には（これは、先ほどの文章の比較から）、「神田寺原」とあることを踏まえれば、その解釈が正鵠を射ているとは考えにくい。単に、一つの軍記にあったという事実だけで物事を判定するのは危険ではないだろうか。

事ほど左様に歴史的に眺めてみると、古い時代は、各地、各文書に分散している情報にアクセスすることが容易ではなかったこともあったのであろう。なかなか客観性を持った判断が難しかったと想像される。これらに対する回答はまた次の機会に委ねたいと思う。

本補足検討では、高橋氏の主張する神大寺→深大寺置き換え論について新たな展開を与えるものではなく、前章までの議論に含まれるものとしてよいが、高橋氏のような記述は比較的少ないので、ここで取り上げた。

# おわりに

　本書では、関東、主に武蔵の戦国時代における武将たちの争いの歴史について述べた。特に歴史の襞に埋もれてしまうかもしれない、扇谷上杉氏と後北条氏との長い抗争の歴史の一場面を中心として述べた。何度もお話をしたように、扇谷上杉氏が滅亡する直接の原因となった扇谷上杉朝定と後北条氏綱の争いにおいて、父扇谷上杉朝興の遺言に従って上杉朝定が取立てた「古城」が、一体、どの古城であったのかという比定の問題である。この章では、お叱りを覚悟のうえで、比定に至った流れのエッセンスを再掲してみたい。

　これまで、この史実について記した古文書、軍記ものも多く、現代においてもこの史実について著した書籍、調査報告書なども多い。

　この古城については、二か所の比定候補地がある。『深大寺城』と『神大寺城』である（実際には、現代の著作には『神大寺城』とするものは圧倒的に少ない）。主流は、『神大寺』→【じんだいじ】→『深大寺』という、漢字の当て字が使われているとの主張である。見てきたように江戸時代の文書には、『神大寺』の記述に対して【じんだいじ】のルビが振られていたり、「深大寺の誤り」か、もしくは「府中」などの注釈が付けられているものも少なくない。

今回の筆者の調査でも、これらの根拠や必然性を探ってみたが、何も発見することはできなかった。

また、本書で取り上げた上杉勢と北条勢の抗争は、五〇〇年近くも前のことであり、真相の究明には困難が伴う。特に、多く見られるのが、多くの古文書、軍記物の間に引用・転記の関係が結構、複雑に存在することである。しかし、引用関係はあっても（「〇〇ニ曰ク」など）引用元の記載とは異なった記載になっていることもある。これについては、第四章における表を参照して頂ければ明らかである。この当て字の問題は単純なものであるが、根は深い。これが最初に行われたのはいつかは不明だが、ほとんどそれ以降、無批判に置き換えることを行っているのである。また必ずしも論理的とは言えない理由を挙げている場合も見受けられるのである。過去においてやられている手法だからと、そのまま鵜呑みにしてしまうのは真実を覆い隠してしまう危険性がある。

但し、じゃあこの手法が誤っていないというための理屈づけとして、『神大寺』は敵、北条氏の勢力圏で、そのような場所の古城を取立てるはずはないという論理である。既に述べたように上杉朝定は、父朝興の遺恨、『異本小田原記』の表現を借りれば、「武州の国司上杉扇谷修理大夫朝興は、度々の合戦に打負け、江戸の城をも攻落され、安からず思はれけれども、力及ばず、如何にもして氏綱を亡さばやと、骨髄に徹して思ひ暮らしけるが、重病を請けて已に逝去せしに、子息五郎朝定を初め、三田・萩谷以下の老臣を呼出し遺言しけるは、我已に定業の病を請け、命盡きなんとす。汝等たしかに我遺言を聞きて、背く事なかれ、我れ氏綱と合戦をする事、已に十四度、一度も打勝つ事なし。是生々世々の恥辱と思へば、蒙念ともなるべし。我死なば、早々佛事作善の営よりも、先づ彼を退治して国家を治むべしと庭訓して、天文六年卯月下旬、朝の露と消え給ふ（以下略）」

と表されている。朝興の氏綱に対する思いが伝わってくるようである。恥辱をそそぐために、何を差し置いてもまず氏綱を退治せよとの遺言であった。これを見る限り、上杉朝定は北条氏綱を討つために何処の古城に要害を築けばよいかという視点に立つべきである。

即ち、小田原を居城とする北条氏綱に迫るための古城の取立てである。領地の回復を第一に狙った着陣でもなければ、況や、北条勢のローカルな陣地に対峙するための局地戦用の着陣でもないのである。これに関して、『深大寺城』説を唱えている方は、既に述べたように、多摩川を挟んだ小沢城と相対峙するために『深大寺城』を取立てたという主張をされているようであるが、それでは何のためにこの戦を戦おうとしているのか、理解に苦しむところである。さらに『深大寺城』では小田原に進攻するための優位さは何処にもない。その点、『神大寺城』は東海道にあり、相州に至り、北条氏の喉元にもなる。文書上も「神大寺ノ原」の合戦の記録もある。

『深大寺城』説を取る時によく言われているのが、「深大寺城素通り説」であるが、これでは上杉勢の努力は水泡に帰したことになる。即ち、戦略的には、全く意味を持たない作戦だったということになる。これでは、上杉勢の戦略・戦術は、誠に間抜けなものと映る。『深大寺城』であったとするのは、「そうであったとする流れがいつの間にかできていた」というだけで、現時点で説得力のある証拠立て（物的、論理的考証）から導かれた帰結では全くない。今後、将来において新たな発見が為されない限り、「深大寺城説」を主張し続けることは恣意的に歴史を語ると取られても仕方あるまい。

また、「深大寺城説」を取る論者の中には、神大寺や神大寺城の存在を疑問視する向きもある。これについては、第四章に述べたように、まさに、神大寺の存在した場所も特定することができた。これにより、神大寺城の場所の比定も容易に行えた。従って、存在自体を疑問視することは最早意味を持たない。

以上が、本書において考察してきた論証のエッセンスである。

この結論を得ると、序章で述べたように上杉朝定と北条氏綱の戦いが、遥かに鮮やかに蘇ってくるのである。さもなければ、上杉朝定は北条氏綱を討たんとして深大寺城を取立てたが、北条氏綱はこれを無視し、素通りして、上杉朝定の本拠地川越に逆寄せして、上杉勢を打ち破った――ただこれだけであり、無視された深大寺城は何の役にも立たなかったということである。北条勢の進軍を食い止めた訳でもない。これでは、ある種、上杉朝定及び家臣団に対する恥辱でもあろう。これが、五〇〇年続いた後の、歴史評価からの通説だったのである。

「神大寺城説」では、上杉朝定の神大寺城の取立てを聴いた北条氏綱は逆寄せして相州を出発する。この後上杉朝定が出発し、取立てた城付近に出陣し、神大寺ノ原で両者が合戦し、北条氏綱は上杉朝定を打ち破り、朝定は河越城に出奔する。北条氏綱は、この後、北上して深大寺の堂に立て籠もった上杉勢と戦闘し、これにも勝利して、その足で川越に向け進軍し、先駆けの北条勢と合流する、といった流れとなっていたのである。すべて一〇〇%明確な証拠立てがある訳ではないが、これまでに発見されている史料に基づき、矛盾なく合理的に説明できている。

何やら、今回の調査検討を通して、五〇〇年後に、上杉朝定を総大将とする上杉勢の汚名返上を果たせたような気もするのである。

今回、筆者は四か月を費やして古文書や古地図などの調査、比較考証、戦略的考察などを通して、これまでの通説に挑戦してきた。さらに、直近二か月は神大寺の探索を行い、全くのアマチュア歴史家としての奮闘であったが、自分なりの推理から結論や成果が得られたと信じている。

もし、どなたか筆者の推理に疑問を持たれたり、誤りを見出された方がいらっしゃれば（当然、いらっしゃると思う）、是非ご叱正頂きたいと思う。これは筆者自身にとって非常に有難いものになる。何より、自分の未熟さを嘆くより、頂いたご指摘により、さらに史実に近づくことができ、それこそが、真に必要になることだと思うからである。これが実現すれば、遥かに興奮を覚えると思う。自身が成長できることにもなる。むしろ、オープンにディスカッションできる風潮が醸成されることが一番であろう。個人の力には限界があり、歴史という奥の深い、時空を超えた真実を希求するためにも、是非、諸先輩方のご意見も拝聴できればと思う。もちろん専門家、非専門家を問わず、広くご意見を頂ければ、より客観的かつ普遍的な史実の究明に一歩でも近づくことができると信じている。

筆者のように古希近くになりスタートしても、何事も経験してみると、いやが上にも興味が湧いてくるものだなあ、と感じたものである。何か、紡がれた歴史を紐解くことは、欠損のあるジグソーパズルを前に（すべて必要な情報が揃っていることは、ほとんどあり得ない）、与えられたピースで組み立てながら時には推理し、全体として不自然さや不合理さを排除しつつ、より史実に近づくために思考を働かせることである。大胆な史実の推理かつ慎重な歴史の組み立てとは、まさにこの過程であり、自問自答の世界である。それが、まさに眼前に映像となって現れる。さもなければ、本書の主題である関東戦国時代、今からおよそ、五〇〇年近く前の史実に挑むことなぞできない（単純に、明治維新の頃、今から、一五〇年ほど前の史実でも明らかになっていないことも結構あると思える。坂本竜馬を誰が暗殺したのかさえわかっていないのだから……）。

近年、一級史料が新たに発見されることも多い。これらによって、従来語られてきた通説・定説が覆されかねない事態が多々発生している。歴史は、単なる史実の羅列だけではなく、歴史を紡ぎ、語る側の論理で筋立てされることも多いと聞く。要は、通説・定説が絶対的真では必ずしもないという読み手側の立場を持つことも肝要なのであろう。

我々がこれを意識して歴史書を読んだり、史跡を見学したりすることは結構しんどいことでもある。

最後になったが、性格的なしつこさの故か、現在では不明と言われている、神大寺の所在した場所の比定にも成功した。それも、複数候補地を挙げるものではなく、一か所ピンポイントで比定された。これから、容易に神大寺城の場所の比定も可能となった。これは、一本道で歩めたものであった。現時点で、この比定結果と矛盾するものは見当たらない、というより過去と現在を見事に結び付けてくれるのである。

以上、当初予想した以上の成果を得て、この天文六年の探求の旅は終わった。

皆さんが史蹟を訪れた際には、是非、ガイドさんに案内してもらいながらも、疑問を感じたら遠慮なく質問してみるというのも、歴史を楽しむという観点からお奨めする。現在は、全国の史跡には、ガイドして頂けるところが多い。小人数でも可で、予約も可、時間・場所の希望も相談できる。インターネット上で情報が検索でき、予約もできるので、ご利用をしてみては如何でしょう。何か、疑問を感じること、それこそが歴史探訪の出発点でもありましょう。

『歴史にはロマンがある』
『歴史は推理の宝庫』
『眼前に過去が蘇る』

もう一つ。筆者が原稿完成の間近に古地図の探索を進めていると、昭和四年の古地図の、横浜神奈川区の横書きの『神大寺町』の表示の真下に、なんと、「ZINDAIZICHO」とローマ字でルビを振っているではないか。思わず、「えっ！」と声を出した。かつて、この神大寺《かんだいじ》を〝じんだいじ〟と呼んだのだろうかと訝った。残念ながら、この前後には当地を、〝かんだいじ〟と呼んでいる証拠も見つかった。従って、何かの間違いかもしれないが、本書の主題の中でも、読みが誤りへと導いているのであろうと考えた。こういうこともある、やはり……。

さらに、もう一つ。筆者は神大寺城と想定される地区に、「大丸」とされる場所があり、現在、横浜市営のバス停として【だいまる】と呼ばれていることを本書で書いた。これは、筆者には心残りであった。なぜなら、他の同時期の城跡ではこれを【おおまる】と呼ぶのである。

すでに本書の原稿がほぼ出来上がった三月末の時点で、収集した資料・地図を整理しながらこれに思いを馳せていると、昭和初期の地図に「大丸」という地区を見出すことが出来た。直ぐに、ガイドの方に連絡して案内をして頂いた（現在、地図などでは見出すことが困難だったが……）。その地区を一五分程度歩いて、喉も乾き、近くの商店に入り飲み物を求めようと思い、店の初老の女性に「この近くの大丸《だいまる》は……」と尋ねると、即座に彼女は「この辺りは昔から大丸《おおまる》と言うんだよ」と返された。

一瞬に、謎は解けてしまった。

また、『漢字の読み』なのである。

そこで、何か目に見える証拠があるかを尋ねると、「近くの線路を横断するために造られた橋は、おおまる橋だよ」とのことである。その商店を後にして、探すとすぐに見つかった。橋の両端に、漢字とひら仮名で確かに『大丸橋』と『おおまるはし』とプレートが着けられている。すぐに写真を撮り、これですべからく謎は解けたとほっとして、一〇〇メートルほど歩いた民家の壁に、「調整池」に関するプレートが取付けられていた。その中に、『字大丸』と地区名が記載されているのを発見した。この二つの事実から、古、この地区は、『おおまる（大丸）』と呼ばれていたことが確定的となった。（筆者は、実は、「だいまる」の読みから連想して、同じ読みのデパートにその名称の出自を尋ねたこともあった。なんせ、江戸城の近くにあるので……恥ずかしながら）

特に、本書の執筆の最終段階で、
①神大寺と神大寺城の比定
②北条氏綱の進軍

③「大丸」の読みと地区の比定

という作業を二週間ほどの間隔で行った。これらについては、本書では書ききれなかった内容が盛り込まれた資料が、

◎調布市立図書館

◎横浜市立図書館

で公開されています。筆者の名前で著者名を入力すれば検索できます。

というわけで、謎を残さずに天文六年を語り終え、歴史と言う世界に足を踏み入れて、丁度一年間でこの五〇〇年ほど前の一年を卒業でき、まさに、ほっとした悔いのない戦いが終了しました。

## 謝　辞

最後に当たり、今回の検討・執筆を行うに当たり、多くの先達のご指導・ご協力を頂いたことを厚く感謝したいと思います。特に、

調布市の方々

- 調布市役所産業振興課
- 調布市観光ボランティア
- 調布市観光協会
- 調布市立図書館
- 調布市教育委員会調布郷土博物館
- 調布市深大寺
- 調布市金龍寺

横浜市の方々

- 神奈川図書館

・横浜歴史博物館
・横浜市立中央図書館
・横浜開港資料館
・浄瀧寺
・元悟寺
・雲松院
・インターネットで神大寺を紹介されている方
・NPO法人神奈川区いまむかしガイドの会
・神大寺地区センター
・目黒区の方々
・東光寺

**川越市の方々**

・川越市立博物館
・川越市観光ガイドの方

府中市の方々
・府中郷土の森博物館
藤沢市の方々
・藤沢市文書館

中でも、神大寺地元の方には絶大なサポートを頂き、まさに、日毎に〝まぼろしの神大寺（城）〟に一歩ずつ確実に近づいていくことができた。
その他、大勢の方々から有形無形の励まし・資料の提供を、またご協力を頂いたことに厚く感謝します。

また、本書の出版にあたっては、文芸社のスタッフの方たちに、企画・編集に亘って、完璧な素人の筆者に暖かな励ましと（実に）厳しい原稿チェックを行って頂き、筆者にとって奇跡的な短時間で仕上げることが出来、改めて感謝あるのみです。

# 付録

# 一　戦国時代の城（深大寺城想像図）

　これまで、戦国時代の城郭については簡単に説明をしていたが、戦国時代前期は、織田信長の頃から築かれたような石垣や天守閣が備えられた荘厳な、いわゆるお城ではなかった。昨今お城ブームでローカルな城跡に足を運ばれる方も多いので、読者の皆様もよくご存じだとは思うが、ここでは簡単に当時の城郭についてご紹介をしておく。次頁は模式的に戦国時代の城をポンチ絵で描いたもので、当時の典型的な堀、土塁、曲輪（郭）など基本的な要素から構成されている。この戦国前期の頃、関東、即ち、武蔵の城には、石垣・天守閣のようなものはなかったようである。豊臣秀吉の小田原征伐（北条征伐）に現れた一夜城（石垣山城）で、野面積《のづらづみ》の石垣が初めて出現したという説もある。

　具体的な例として、中世の城郭（少なくとも戦国時代が終わった後には廃城となっており、中世の様式がそのまま残されていると言われている）として「深大寺城の復原推測図」（調布市提供）を掲載する。

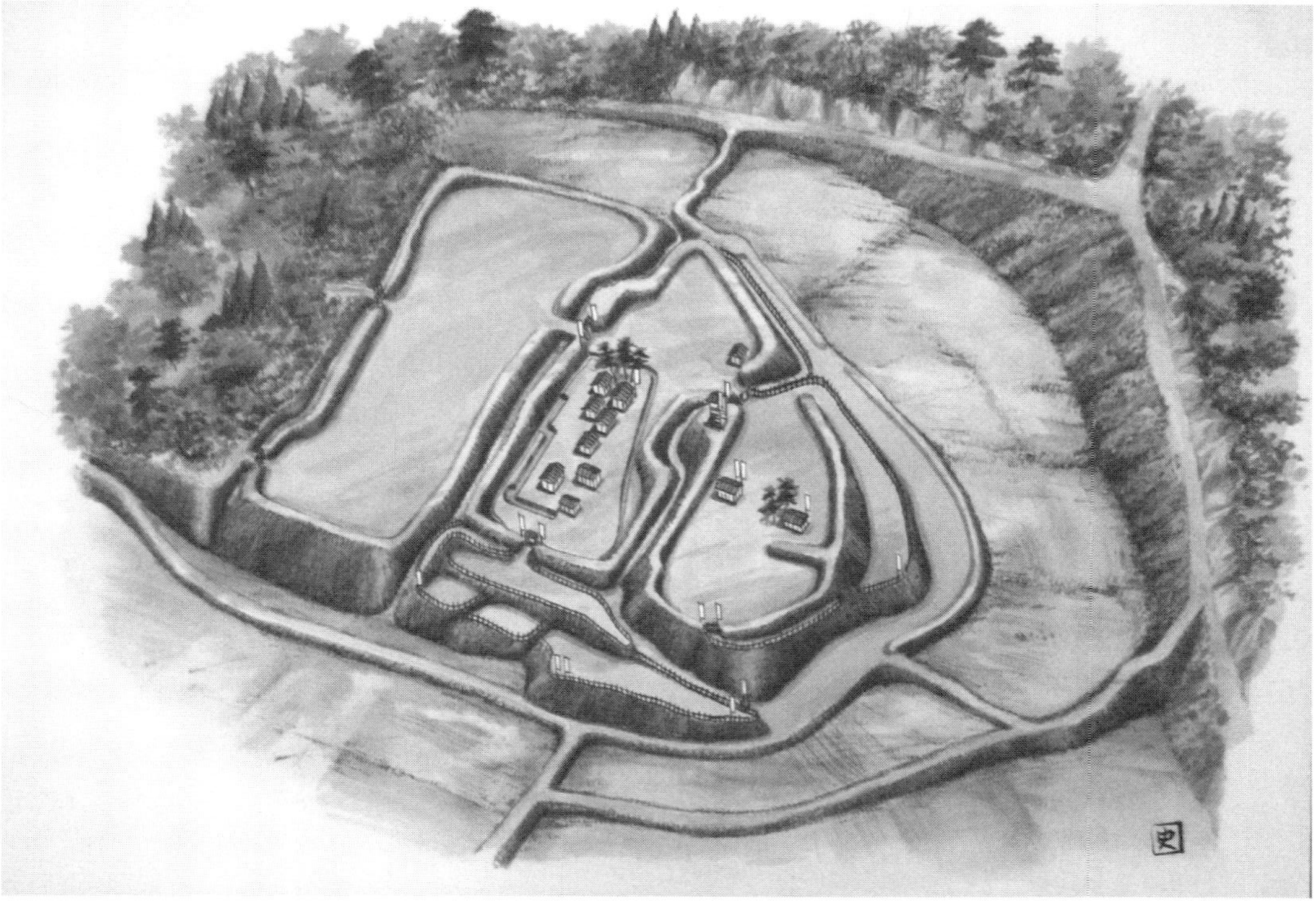

岡本史朗作「深大寺城の復原推測図」調布市総務部総務課公文書管理係所蔵

ご覧の通り、それほど複雑な構造にはなっておらず、三郭からなる城跡である。広さも城郭によって異なるが、この城跡は二〇分程度あれば十分全体を把握できる。建物跡が確認されているのは第二郭である（中央の郭）。

なお、筆者もいくつか近郊の城跡を訪れたが、ここ深大寺城に比して、他の同時期の城跡は遥かに広がりが大きい。深大寺城は要害とするためには地勢が単純すぎるような印象を受けた。机上で観念的にだけ城跡を捉えることでは若干、不十分な気もした。

## 二　河越夜戦（天文一五年）

「日本三大奇襲」の一つ。

北条氏康の妹婿で親北条派だった足利晴氏は、上杉憲政に唆《そそのか》されて北条に反旗を翻して兵を動員、和睦した山内上杉と扇谷上杉の両上杉家と同盟しつつ、関東の全大名に北条を攻めるように指令を出し、天文一四年（一五四五年）、この連合軍（軍勢八万）は河越城（城主・北条綱成）を包囲した。北条綱成は約半年間持ち堪えた。そこに、北条氏康が駆けつけた（軍勢八千を二千ずつ、四隊に分けた）。

一五四六年四月、連合軍は「城を明け渡すのでこれ以上は攻めないでほしい」という趣旨の書状を、北条氏康から何度か送られた（これは実は謀であった）。氏康は、包囲された城内とも連絡を取り、隙を見ては連合軍本陣を奇襲、戦勝気分に酔っていた（事実、飲酒し宴会をしていたらしい）連合軍はたちまち大混乱に陥って敗走。この時、氏康は配下に、「鎖帷子などの重いものは捨て、身軽にせよ、敵の首は取らずに切り捨てよ」と命じ、三隊の軍勢で奇襲した。

戦いは北条軍の圧倒的勝利に終わった。上杉朝定は討死。ここに扇谷上杉氏は滅亡。なお、軍学書『関八州古戦録』において、天文一五年（一五四六年）あるいは天文一二年（一五四三年）の上杉憲政による河越城攻めの際、柏原に差し向けられた北条氏康配下の忍び、二曲輪《にのくるわ》猪助《いすけ》の師として「風間小太郎《ふうまこたろう》」の名前が挙げられている。

山内上杉憲政は敗走し上州に逃れた。それからさらに越後まで押され、物語は、上杉謙信の登場へと繋がるのである。連合軍の死者は、一万六千人にも及んだという説もある。人数規模だけを見ると連合軍は関ヶ原並みである。なお、上杉朝定家老であった難波田弾正は、この戦で、井戸（埼玉県川越市・東明寺境内〈境内には河越夜戦の碑が建てられ、戦いで破れた将兵の遺骸を納めた富士塚が残っているという〉）に落ちたのが原因で命を落としたということである。

この難波田弾正は九年前、河越城、松山城での北条氏綱との戦い（一五三七年）において、敵の寄せ手の将・山中主膳との間に和歌の交換を行った（松山城風流合戦）。『北条五代記』より、その一節を途中まで掲載する（読者自身で情景を感じてください）。

されぱたけきか中にやさしさあり、其日のいくさ大将難波田あやなくうしろを見せ、松山さして落行を、北條かたに山中主膳駒かけよせ、一首はかくぞ聞えける。

あしからしよかれとてこそたたかはめなと難波田のくつれ行らん

と俳諧体によみかけしに、難波田さすがに由ある武士《もののふ》にて、くつばみいささか引返し、

君をおきてあたし心を我もたはすゑの松山波もこえなむ

と我作りがほに古今集の歌を取あわせて返答ありて、いそがはしく駒のあしはやめて過行ぬ。實さも有ぬべし。

本書第一章に述べたように、「河越夜戦」について、先に説明した内容とは異なる史料もあるのでこれについて追記する。

要約すると、
【北条五代記】天文六年七月十五日の河越合戦（三木原の戦い）が夜戦、天文十五年四月二〇日の戦いは午の刻（午前十二時）に行われたとしている。
【北条記】天文六年の戦い（三木原の戦い）は夜戦であったとはしていない。天文十五年の戦いは夜戦と明記している。

天文六年の北条氏綱対上杉氏の戦いは一般には夜戦であったと言われているが、実はそのことを明記している史料は『北条五代記』だけである。また、天文一五年の河越の合戦が夜戦であったと述べているのも、実は『北条記』が初見であり、その他の史料（ここでは具体的内容については触れないが、氏康書状・大田資武書状・上杉憲政書状・行伝寺過去帳など）においては「夜戦」であったとは一言も出ていない。このことなどから、天文一五年の合戦が夜戦であったのかどうかは確定できないともされている。
『北条五代記』は、天文一五年の合戦が昼間であったことを強調している。氏綱の河越合戦の話は次のように書かれている。

（天文六年七月一五日）三木といへる原はむさし野の北にて、河越の城にわづか五十餘町をへだつ。此野は人馬の備所せばからず。求るに幸なる修羅場なりとて陣す。たがひに旗をあげて両将の軍勢うんかのごとし。しばらく辰星の吉凶を待が故に、合戦の時刻うつりさつて、漸丑みつの時にも近くなりぬ。

という風に、天文六年の河越合戦が夜中に行われていたと明記している。

天文六年の合戦と天文一五年の合戦のいずれが夜戦であったのか確定はできない。十倍の兵に勝利するのは夜戦以外ないであろうという、陥穽があるやもしれない。他の書状類には、いずれも「敵が砂窪の氏康陣所に攻め込んできそうだったので、有無の一戦となった」という風に書いてあり、その状況で夜になるまで待つことができたか、という問題もある。

ちなみに、筆者が原稿を書きつつ参照している『異本小田原記』には、次のように記載されている。

「頃は四月廿日、宵過ぐる程なりしかば、月もやうやう出でしかども、天曇り定かならず、小田原勢、わざと松明をば持たずして、紙を切つて鎧の上に懸け（以下略）」

と、夕刻以降であることが窺えるが、本書の主題からは外れるのでこれ以上は述べない。

もう一点、『北条五代記』及び『北条記』では、河越で戦った上杉勢の大将として名前が出てくるのは、山内上杉憲政だけである。もう一方の、扇谷上杉氏はどうしていたのであろうか。実は、扇谷上杉朝定の死についても二説あるようであり、これに関連するのかもしれないが、本書ではこれ以上は触れない。

右に砂窪（砂久保）の地図を、また次頁に「江戸図屏風」に描かれた河越城を示す。

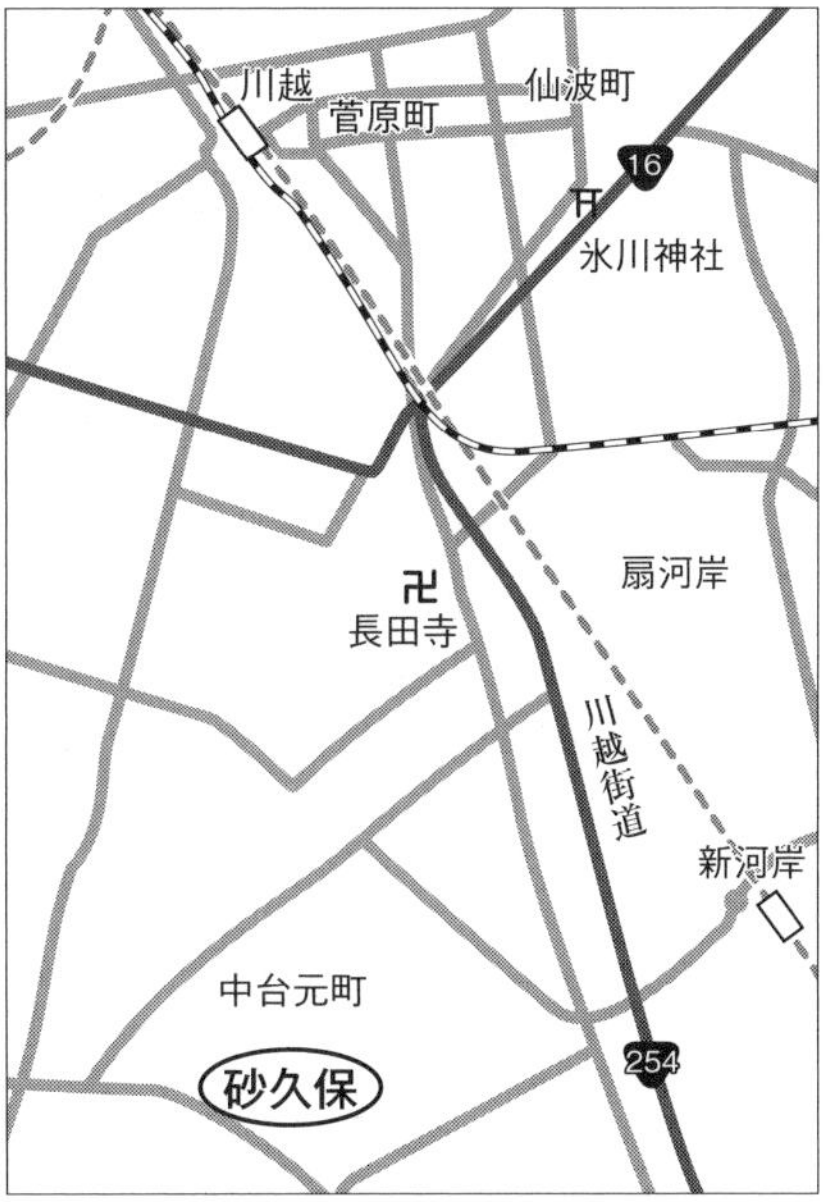

川越御城『江戸図屛風』（右隻）国立歴史民俗博物館所蔵

## 三　武蔵国歴代国司（深大寺真名縁起で述べられた該当時期部分のみ記述）

・丹墀石雄　八五〇年（嘉祥三年）『続日本後紀』
・文屋笠科　八五一年（嘉祥四年）『日本文徳天皇実録』
・良岑長松　八五八年（天安二年）一月一六日任、従五位上『日本文徳天皇実録』
・（権守）房世王　八五八年（天安二年）二月五日任～同年三月八日転、越中守、従四位下『日本文徳天皇実録』
・（権守）平春香　八六一年（貞観三年）二月一六日、従五位上『日本文徳天皇実録』
・藤原忠雄　八六二年（貞観四年）一月一三日、従五位下『日本三代実録』
・（権守）平有世　八六四年（貞観六年）一月一六日、従五位上『日本三代実録』
・橘春成　八六七年（貞観九年）一月一二日任～同年二月一一日罷、従五位上『日本三代実録』
・藤原安棟　八七二年（貞観一四年）、従五位下『日本三代実録』

・紀安雄　八七七年（元慶元年）（月欠）任、従五位上『日本三代実録』
・（権守）弘道王　八八〇年（元慶四年）二月見、従五位上『日本三代実録』
・（権守）源行有　八八四年（元慶八年）二月見～八八五年（仁和元年）一月罷、従五位上『日本三代実録』

## 四　神大寺城比定結果の評価
（神奈川区いまむかしガイドの会・後藤輝夫氏による）

本付録は、神大寺城の比定を進めていた段階で、比定結果を得た当日にクイックに調査・評価して頂いた結果である。

本資料は、本文及び謝辞の中で書かせて頂いたように、「神奈川区いまむかしガイドの会」のメンバーである、後藤輝夫氏の作成によるものである。氏は、今回の比定作業の中で様々なデータをお持ちで、地元の情報にも精通しておられ、協力を頂いたと同時に、比定結果を得るや、すぐに現地で確認作業を行って頂き、本添付資料を頂いた。

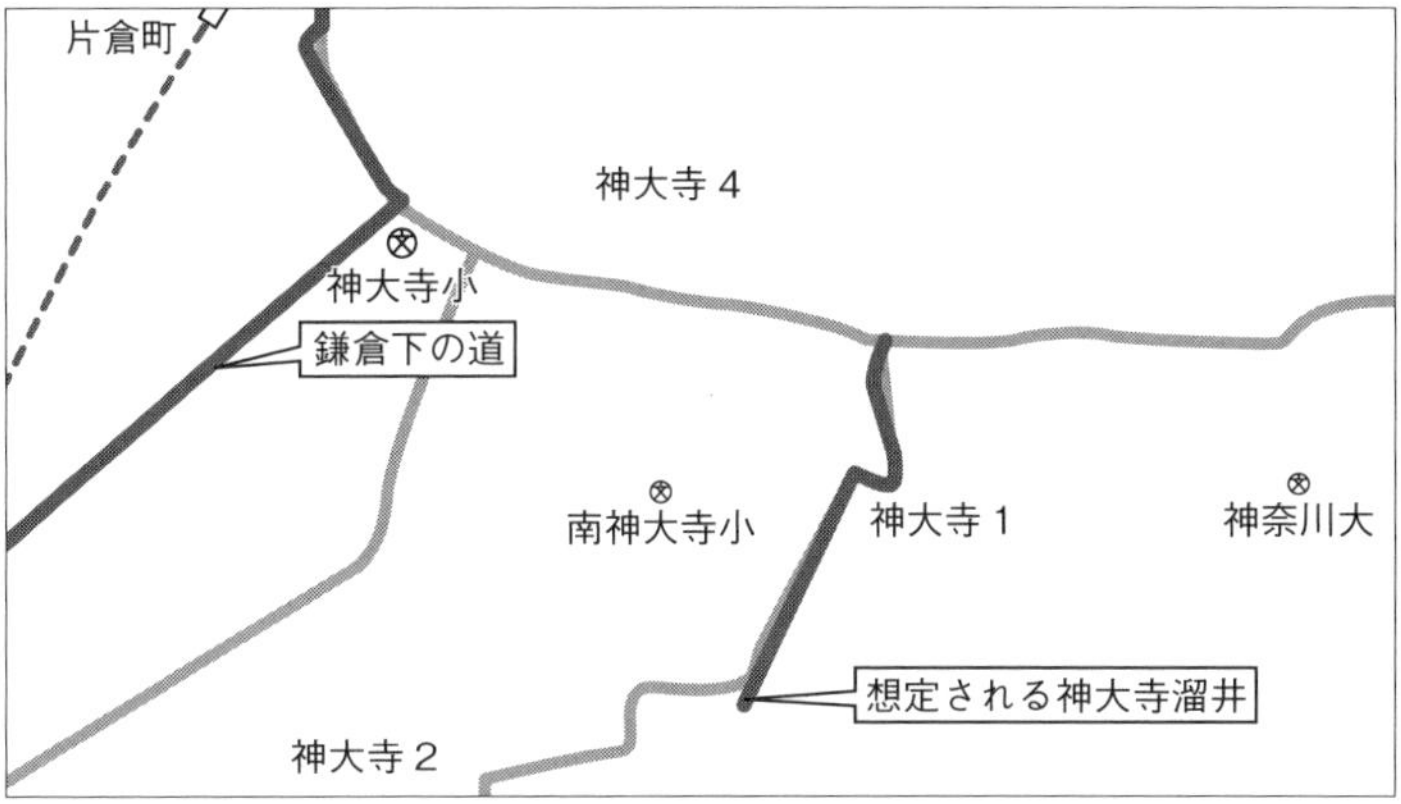


想定される神大寺溜井

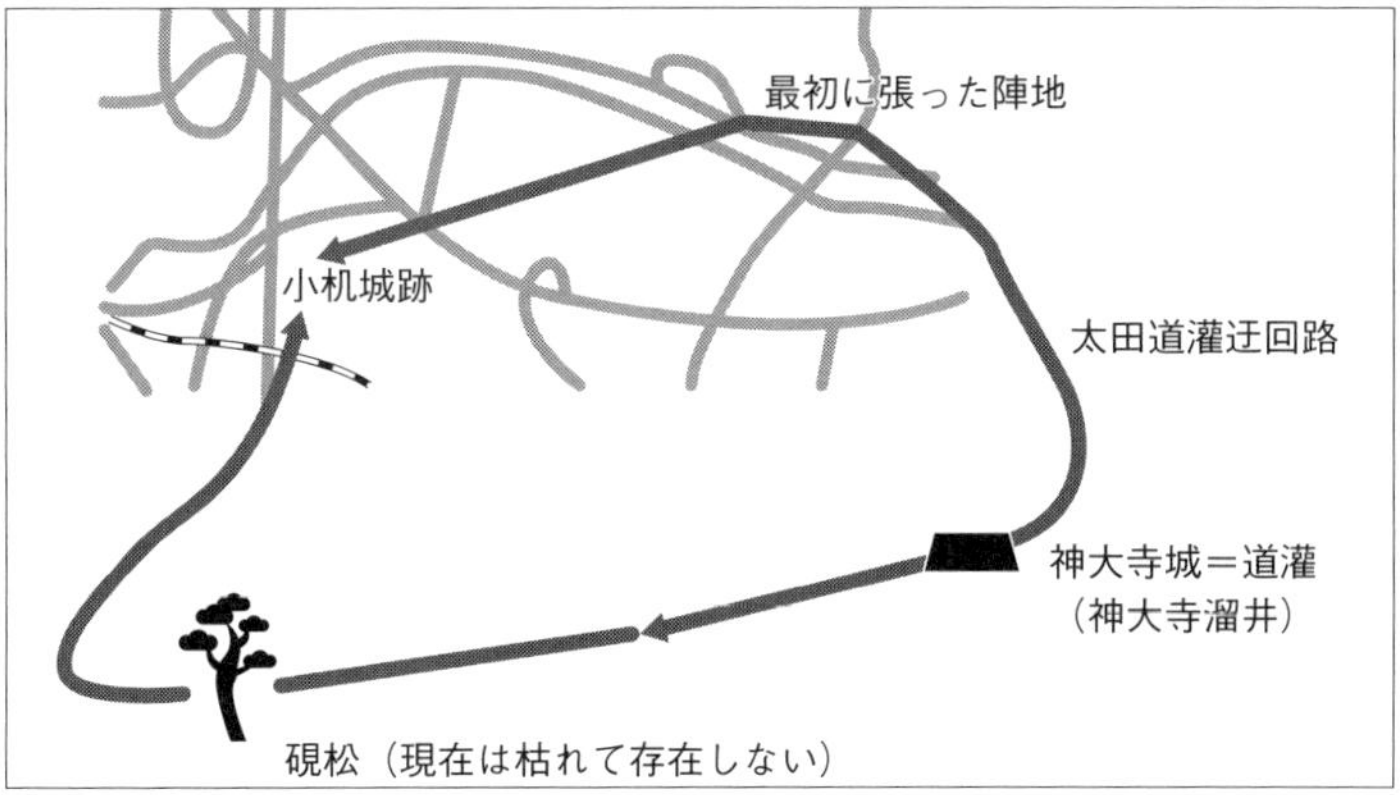


小机城の戦い　太田道灌の迂回作戦

## （後藤氏による地図補足）

想定される神大寺溜井（滝ノ川の源流の一つ）↓化政天保期に於ける神奈川在　六角橋村古地図に記されている「神大寺地内神奈川町溜井」と位置的にも一致すると判断致しました。

このことにより津田様が主張される神大寺城（砦）としての機能を果たせると判断いたしました。

また長尾景春の乱における小机城の戦いにおいて太田道灌が小机城を正面にした亀甲山（鶴見川挟んだ丘陵地）からの攻撃は自然の要塞に阻まれ不可能と判断し小机城の後背地、羽沢方面へ迂回する際、「神大寺城＝道灌森」で体勢を整えたことにより「道灌森」と伝えられている伝承も納得できます。

迂回し神大寺城を新たな前線基地とした。そのことから「道灌森」として伝えられているものと解釈できます。

小机城を目前に決戦の時、太田道灌は部下を鼓舞するため松の下で歌を詠んだと伝えられています。

小机はまづ手習ひのはじめにていろはにほへとちりぢりになる

もう一つ重要なことは、「太田道灌」の事績との関連である。この観点からも、氏は神大寺城の比定場所が、道灌時代の戦から見て、この地が「道灌森」と呼ばれて戦略的にも意味があった。従って、神大寺城としても適地ではないか、とのご指摘を頂いた。道灌はまた、扇谷上杉氏の家宰でもあった。

神大寺の調査や比定においては、現地調査や地元の情報・データをご提供して頂き、迅速に結論を得るうえで不可欠なご尽力を頂いた。

## 【豆知識】

本書や歴史を語る中で、多くの戦《いくさ》があり、これに名称が付されている。これをどのように捉えればいいかについて多少説明をしておく。

◎歴史上、多くの戦乱が記述される。この時、各戦に名称が付けられているが、ほとんどの場合は【年号＋乱】が、乱の名称となっている。

例えば、「平成」の年号時代にあれば、【平成の乱】と呼ぶ、などである。もちろん他の場合もある。人名の付いた「乱」もあれば、地名の付いた乱の場合もある。

例えば、【平将門の乱】や【島原の乱】などである。

◎この他に、（本書では直接関与はないが、なぜ【乱】と呼んだり、【変】と呼んだりするのかという疑問もある。これは、およそ「戦を起こして権力者を倒した場合」を【変】と呼び、逆の場合を【乱】と呼ぶようである。

例えば、本能寺の変は、家臣明智光秀が権力者織田信長を倒した訳で、【本能寺の変】という。これは、中大兄皇子が蘇我氏を殺戮した【乙巳《いっし》の変】（大化の改新へと繋がったと言われる）も、権力者を倒したという意味でもこのケースである。

じゃあ、【島原の乱】は如何でしょうか。この他にも、【大塩平八郎の乱】などもあります。

【戦国（関東）歴史年表】

（凡例）●戦、変、乱　／　○書・書状の認められた年　／
◎深大寺城・神大寺城に関連する

一四二九年（永享元年）

▲戦国時代の始まり▼

一四三九年（永享一一年）●永享の乱（鎌倉公方足利持氏と関東管領上杉憲実の対立に端を発する乱）

一四四〇年（永享一二年）●結城合戦（関東地方で起こった室町幕府と結城氏ら関東の諸豪族との間の戦い）

一四四一年（嘉吉元年）

一四四四年（文安元年）

一四四九年（宝徳元年）

一四五二年（享徳元年）
一四五四年（享徳三年）●享徳の乱（応仁の乱や明応の政変と同様、関東における戦国時代の幕開けを告げる。古河公方・足利成氏&長尾景春vs関東管領・上杉顕定、上杉定正、この内紛を収めたのが上杉定正の家宰・太田道灌。扇谷上杉の力も強まる）
一四五五年（康正元年）
一四五七年（長禄元年）●扇谷上杉氏河越城・江戸城取立る（太田道灌）
一四六〇年（寛正元年）
一四六六年（文正元年）
一四六七年（応仁元年）
一四六九年（文明元年）
一四七七年（文明九年）●太田道灌、武蔵小机城（横浜市港北区）を攻略
一四八六年（文明一八年）●太田道灌（五五歳）謀殺さる（上杉定正相模の館風呂において、道灌「当方滅亡！」と発す）
一四八七年（長享元年）
この頃、◎上杉定正書状（深大寺の記述あり）

一四九二年（明応元年）
一五〇一年（文亀元年）
一五〇四年（永正元年）
一五〇六年（永正三年）●永正の乱
一五一〇年（永正七年）●伊勢宗瑞新九郎（後年、北条早雲と。生前に本人が北条を名乗ったことはない）武蔵に攻め入る。風魔一族
一五一八年（永正一五年）●伊勢（北条）氏綱家督を相続
一五一九年（永正一六年）●伊勢宗瑞（年齢二説あり）卒
一五二一年（大永元年）
一五二四年（大永四年）●北条氏綱江戸城攻略。太田資高（道灌の孫）が氏綱に内応。上杉朝興河越城に出奔
一五二五年（大永五年）◎上杉朝定生まれる
一五二八年（享禄元年）
一五三〇年（享禄三年）上杉朝興と一戦を交えた北条氏康が上杉勢を退け、初陣を飾った（小沢原〈稲城市〉の戦い・勝坂）
一五三二年（天文元年）

一五三三年（天文二年）●上杉朝興、娘を武田晴信（信玄）に嫁がせる（一年後、妊娠をしていたが死亡。天文一四年諏訪湖衣姫〈一四歳〉側室に）
一五三七年（天文六年）◎上杉朝興（五〇歳）卒
◎上杉朝定、古城の取立
◎北条爲昌書状
◎上杉朝定出発
◎北条氏綱小田原出発
◎神大寺ノ原合戦・横浜浄瀧寺焼失
◎深大寺堂での戦闘
◎河越三木の合戦（上杉家家臣難波田弾正・和歌交換）
一五四一年（天文一〇年）◎北条氏綱卒
一五四三年（天文一二年）鉄砲伝来
一五四六年（天文一五年）◎河越夜戦・上杉朝定（二二歳）討死、扇谷上杉氏滅亡
（山内）上杉憲政上州へ、後、越後に落つ
一五五五年（弘治元年）
一五六一年（永禄四年）上杉家家宰・長尾景虎、上杉憲政の養子となり、関東管領山内上

杉氏の名跡を継承し、上杉謙信景虎となる
一五七五年（天正三年）長篠の戦（武田勝頼、織田・徳川軍に敗北、鉄砲戦の始まり）
一五八二年（天正一〇年）本能寺の変
一五八四年（天正一二年）小牧・長久手の戦い（羽柴秀吉陣営と織田信雄・徳川家康陣営の戦）
一五九〇年（天正一八年）秀吉、小田原北条征伐（北条四代氏政・五代氏直破れる）。秀吉、石垣山城（一夜城＝穴太衆《あのうしゅう》による野面積み）を築く
（注）これまで、関東の中世の城郭に石垣はなかった。

▲戦国時代の終了▼
一五九二年（文禄元年）文禄の役
一五九七年（慶長二年）慶長の役
一五九八年（慶長三年）秀吉没
一六〇〇年（慶長五年）関ヶ原の戦い
一六〇三年（慶長八年）徳川、江戸幕府を開く

# 参考文献

『扇谷上杉氏と太田道灌』黒田基樹著　岩田書院　二〇一二年
『扇谷上杉氏』黒田基樹著　戎光祥出版　二〇一二年
『図説 戦国北条氏と合戦』黒田基樹著　戎光祥出版　二〇一八年
『戦国北条氏五代の盛衰』下山治久著　東京堂出版　二〇一四年
『関東戦国史』黒田基樹著　角川ソフィア文庫　二〇一七年
『鎌倉街道Ⅳ　古道探訪編』蜂矢敬啓　有峰書店新社　一九八三年
『北条氏五代と小田原城』山口博著　吉川弘文館　二〇一八年
『小田原北条記』（上・下）江西逸志子原著／岸正尚訳　教育社　一九八〇年
『戦国遺文〈後北条氏編〉』杉山博、下山治久（編集）東京堂出版　一九八九年
『鎌倉公方九代記・鎌倉九代後記』黒川真道編　国史研究会　一九一四年
『国史叢書』黒川眞道編　国史研究会　一九一四年
『群書類従』塙保己一編　経済雑誌社　一九〇二年
『武蔵野歴史地理』（第四冊）高橋源一郎著　有峰書店　一九七二年
『北区史』通史編中世／資料編古代中世1／資料編古代中世2　北区史編纂調査会

『遊歴雑記初編1』十方庵敬順著／朝倉治彦編　平凡社　一九八九年
『史籍集覧　第五冊』近藤瓶城編　一九二五年
『大日本地誌大系』（第七巻）蘆田伊人編　雄山閣　一九三三年
『多摩の古城址　城址・砦址・館址』小幡晋著　武蔵野郷土史刊行会　一九七八年
「戦国前期東国の城郭に関する一考案　深大寺城を中心に」（掲載誌『一橋研究』）
竹井英文著　一橋研究編集委員会

著者プロフィール

**津田 慎一**（つだ しんいち）

1949年、徳島県生まれ
東京大学大学院博士課程修了　工学博士（航空宇宙工学専攻）
メーカーにて宇宙開発に従事後、東海大学工学部教授
東京都在住
調布市観光協会ボランティアガイド
府中市観光ボランティア
関東戦国時代に関する著作を調布市及び横浜市市立図書館にて公開中

**武蔵戦国記　後北条と扇谷上杉の戦い**
なぜ「ジンダイジ城」は捨てられたのか

---

2019年８月15日　初版第１刷発行

著　者　津田 慎一
発行者　瓜谷 綱延
発行所　株式会社文芸社
〒160-0022　東京都新宿区新宿1－10－1
電話　03-5369-3060（代表）
03-5369-2299（販売）

印刷所　株式会社フクイン

---


ISBN978-4-286-20773-5